Ma vie

ou les aventures de Geo. Thompson ; Être
l'autobiographie d'un auteur.

Georges Thompson

Writat

Cette édition parue en 2024

ISBN : 9789359948263

Publié par
Writat
email : info@writat.com

Contenu

INTRODUCTION

Dans lequel l'auteur définit sa position.

La mode étant devenue chez les romanciers distingués d'écrire leur propre vie, ou, en d'autres termes, de sonner leurs propres trompettes, l'auteur de ces pages est amené, à la sollicitation de nombreux amis, dont les poussées de curiosité sont fortement développées, présenter son autobiographie au public - ce faisant, il ne fait que suivre l'exemple d'Alexandre Dumas, le brillant romancier français, et du célèbre Dickens, qui préparent tous deux leur histoire personnelle pour le public. presse.

Or, en me comparant à ces grands dignitaires, qui se distinguent si justement dans le monde de la littérature, je serai accusé d'une présomption impardonnable et d'un égoïsme ridicule - mais je ne me soucie pas de ce qu'on peut dire de moi, dans la mesure où une totale indépendance de les opinions, les sentiments et les préjugés du monde ont toujours été une de mes principales caractéristiques - et cette partie du monde et le "reste de l'humanité" qui ne m'aime pas ont ma pleine permission d'aller au diable dès que possible. il peut prendre toutes les dispositions nécessaires au voyage.

Je serai vrai et franc dans ces pages. Je ne chercherai pas à cacher un de mes nombreux défauts que je reconnais et que je déplore ; et, si j'imagine que je possède un mérite solitaire, je ne serai pas en retard pour le faire connaître. Ceux qui me connaissent personnellement ne m'accuseront jamais d'entretenir un seul atome de cette qualité méprisable qu'est l'orgueil ; ceux qui ne me connaissent pas sont libres de penser ce qu'ils veulent. Dieu sait que si j'avais eu une plus haute estime de moi-même, une plus grande confiance en mes propres pouvoirs et en un peu de ce produit universel connu sous le nom de « joue », j'aurais dû, à l'heure actuelle, être bien mieux loti en termes de gloire et de fortune. Mais j'ai été discret, sans ambition, à la retraite – et mes amis me l'ont reproché mille fois. J'ai vu des écrivains sans aucun talent, de petits gribouilleurs, des gaspilleurs d'encre et des spoilers de papier, qui ne pouvaient pas écrire six lignes consécutives de grammaire anglaise et dont les courts paragraphes destinés aux journaux devaient invariablement être révisés et corrigés. de tels individus se font inviter à des banquets publics et à d'autres fêtes, et imposent leur présence importune dans la société des hommes les plus distingués de l'époque.

J'ai parlé de mes amis ; maintenant, un mot ou deux sur mes ennemis. Comme la plupart des hommes qui ont figuré devant le public, à quelque titre que ce soit, je me suis attiré la haine de nombreuses personnes qui, jalouses de mon humble renommée, n'ont perdu aucune occasion de cracher leur méchanceté et de s'opposer à mes progrès. L'amitié de telles personnes est un malheur ; leur inimitié est une bénédiction.

Je leur assure que leur haine ne me fera jamais perdre une fraction de mon appétit, ni de mon repos nocturne. Ils peuvent s'estimer bien heureux, si, dans les pages suivantes, ils ne se trouvent pas immortalisés par mon attention, quoiqu'ils soient certainement indignes d'une si grande distinction. J'apprécie l'amitié des hommes de lettres, et je ne dois donc pas me laisser abattre par l'opposition d'une bande d'imbéciles insensés, sans cerveau, ni cœur, ni âme.

Je trouverai sans doute nécessaire de faire des allusions à des lieux, des personnes, des incidents locaux, etc. Cela ajoutera grandement à l'intérêt du récit. De nombreux portraits seront facilement reconnus, surtout ceux dont les originaux résident à Boston, où s'est déroulée la plus grande partie de ma carrière littéraire.

La vie d'un auteur doit nécessairement être d'un intérêt particulier et captivant, car il habite dans un monde qu'il a lui-même créé et ses goûts, ses habitudes et ses sentiments sont différents de ceux des autres. Comme il est peu compris, comme il est imparfaitement apprécié par un monde froid et antipathique ! ses excentricités sont ridiculisées — ses excès sont condamnés par des personnes irréfléchies, qui ne peuvent pas comprendre le fait qu'un écrivain, dont l'esprit est fatigué, aspire naturellement à l'excitation physique d'une sorte d'autre, et cherche trop souvent un oubli mental temporaire dans l'enivrant bol. En toutes circonstances, l'auteur mérite certainement un certain degré de considération charitable, car il travaille dur pour le divertissement public et puise énormément dans les trésors de son imagination, afin de répondre aux demandes continuelles de la communauté des lecteurs. Lorsque l'auteur a mené une vie d'aventures passionnantes, son histoire devient d'un intérêt extraordinaire et passionnant. Je me flatte que ce récit sera trouvé digne de la lecture du lecteur.

Et maintenant quelques mots concernant mon identité personnelle. Beaucoup ont follement supposé que j'étais George Thompson, le célèbre abolitionniste anglais et membre du Parlement britannique, mais cela ne peut pas être le cas, cet individu étant retourné dans son propre pays. Encore une fois, d'autres m'ont pris pour George Thompson, le pugiliste ; mais la plupart des interprètes de cette intéressante « Comédie des Erreurs » se sont imaginés que je n'étais pas moins un personnage que le célèbre « *One-eyed Thompson* », et ils ont longtemps continué dans cette croyance, même après cela, talentueux mais très talentueux. Le malheureux s'était suicidé à New York, et ce, malgré le fait qu'il s'appelait William H. et non George. Deux circonstances semblaient pourtant justifier cette croyance avant la mort de cet homme : il eut, comme moi, le grand malheur d'être privé d'un œil.

Comment le malheur *m'est arrivé*, je le raconterai au bon endroit. J'ai écrit de nombreuses œuvres de fiction, mais j'ai traversé des aventures tout aussi extraordinaires que celles que j'ai tirées de mon imagination.

Afin d'établir mon droit au titre d'« auteur », j'énumérerai quelques-uns des ouvrages que j'ai écrits :

Gay Girls of New York, Dissipation, The Housekeeper, Venus in Boston, Jack Harold, Criminal, Outlaw, Road to Ruin, Brazen Star, Kate Castleton, Redcliff, The Libertine, City Crimes, The Gay Deceiver, Twin Brothers, Demon of Gold , Dashington , Lady's Garter, Harry Glindon , Catharine et Clara.

En plus de ces œuvres, qui ont toutes rencontré une vente rapide et une diffusion très étendue, j'ai écrit une quantité suffisante de contes, de croquis, de poésie, d'essais et d'autres fonds littéraires de toutes sortes, pour constituer une demi-douzaine de charrettes. Mais mes aventures, et non mes productions, doivent employer ma plume ; et implorant pardon au lecteur pour cette introduction un peu longue, mais très nécessaire, je commence ma tâche.

CHAPITRE I

Dans lequel je commence à acquérir une connaissance du monde.

J'ai toujours pensé, et je pense encore, que peu importe où et quand un homme naît ; il lui suffit de savoir qu'il est *ici* et qu'il ferait mieux de s'adapter, autant que possible, aux circonstances. dont il est entouré, pourvu qu'il souhaite parcourir le monde avec confort et crédit pour lui-même et avec l'approbation des autres. Mais néanmoins, afin de plaire à toutes les catégories de lecteurs, je dirai qu'il y a une trentaine d'années, un jeune étranger a réussi à survivre dans la ville de New York ; et je laisserai simplement entendre que le vingt-huitième jour d'août, de l'année de grâce de notre Seigneur mil huit cent vingt-trois, devrait être inséré dans le prochain almanach (comique) comme ayant été le jour de naissance d'un grand l'homme, car lorsqu'un individu atteint un poids corporel de deux cents livres et plus, ne peut-il pas être qualifié *de grand* ?

Mes parents étaient certes des gens respectables, mais ils sont tous deux morts inconsidérément très tôt dans ma vie, me laissant quelques centaines de dollars et un oncle obstiné, auquel était attachée une tante répréhensible, propriétaire d'un long nez et d'un caractère rusé. . Le nez était adapté à la consommation de tabac à priser et le caractère était efficace pour détruire mon bonheur et ma tranquillité d'esprit. Le digne couple, avec un œil prophétique, voyait que j'étais destiné à devenir, dans les années futures, un peu *gourmand*, à moins qu'on ne prenne garde à un sort aussi mélancolique ; c'est pourquoi, poussés par les meilleurs motifs, et afin de m'apprendre le luxe de l'abstinence, ils commencèrent, lentement mais sûrement, à m'affamer. Bonnes gens, comme je révère leur mémoire !

Une nuit, j'ai cambriolé un placard et j'ai emporté criminellement un morceau de pain et de viande que j'ai dévoré dans la cave.

"Oh, mon âme prophétique... *mon oncle* !" Cet excellent homme m'a surpris en train de manger la viande, et... j'ai mal aux os en ce moment même, en pensant au léchage qu'on m'a fait lécher ! J'ai oublié de dire que j'avais un frère assez insignifiant, de quatre ans mon aîné, qui devint l'apprenti de mon oncle, et qui se joignit à ce monsieur dans ses persécutions contre moi. Mes aimables parents étaient des gens plutôt heureux en termes d'ignorance, et ils me détestaient parce qu'ils s'imaginaient que je me considérais comme leur supérieur - une croyance fondée sur le fait que j'évitais leur société et passais la plus grande partie de mon temps dans lire et écrire.

J'habitais à cette époque dans Thomas Street , tout près du célèbre bordel de Rosina Townsend, dans la maison de laquelle a été commis cet effroyable meurtre dont le public new-yorkais se souviendra encore avec un frisson d'horreur. Je fais allusion au meurtre de la célèbre courtisane Ellen Jewett. Son amant, Richard P. Robinson, a été jugé et acquitté du meurtre, grâce à l'éloquence de son talentueux avocat, Ogden Hoffman, Esq. Les faits de l'affaire sont brièvement les suivants : — Robinson était commis dans un magasin de gros et était l'amant d'Ellen, qui lui était fortement attachée. Je les ai souvent vus marcher ensemble, tous deux habillés à la pointe de la mode, la belle Ellen s'appuyant sur le bras du fringant Dick, tandis que leur apparence élégante attirait l'attention et l'admiration universelles. Mais tout cela se termina bientôt dans le sang. Dick était fiancé à une jeune femme de la plus haute respectabilité, héritière de la richesse et possédant une beauté surpassée. Il a informé Ellen que ses liens avec elle devaient cesser en raison de ses arrangements matrimoniaux, sur quoi Ellen a menacé de l'exposer à son « intention » s'il l'abandonnait. Embarrassé par le caractère critique de sa situation, Dick, alors, à une heure mauvaise, résolut de tuer la courtisane qui menaçait de détruire son bonheur espéré. Un samedi soir, il lui rendit visite comme d'habitude ; et après un somptueux souper, ils retournèrent dans sa chambre. A cette occasion, comme cela fut prouvé plus tard lors du procès, Dick portait un ample manteau, et plusieurs personnes remarquèrent qu'il semblait avoir quelque chose de caché dessous. Ses manières envers Ellen ainsi que ses paroles étaient cette nuit-là inhabituellement caressantes et affectueuses. Ce qui s'est passé dans cette chambre et qui a perpétré ce meurtre, le Tout-Puissant le sait — *et, peut-être, Dick Robinson, s'il est encore en vie, le sait aussi* ! [A] Le lendemain matin (dimanche), à une heure très matinale, on a vu de la fumée sortir de la chambre d'Ellen, et les rideaux de son lit ont été incendiés. Les flammes furent difficilement éteintes, et là, dans le lit à moitié consumé, fut trouvé le cadavre mutilé d'Ellen Jewett, portant sur le côté de la tête une horrible blessure, qui avait évidemment été infligée par une hachette. Dick Robinson était introuvable, mais dans le jardin, près d'une clôture, ont été découverts son manteau et une hache ensanglantée. Avec beaucoup d'autres, je suis entré dans la chambre où gisait le corps d'Ellen, et jamais je n'oublierai l'horrible spectacle qui s'est présenté à mes yeux ! Là, sur ce lit de péché, ravagé par le feu, gisaient les restes à moitié brûlés d'une femme autrefois belle, dont la tête montrait la terrible blessure qui avait causé sa mort. L'intention du meurtrier était manifestement d'incendier la maison afin de détruire les horribles preuves de son crime ; mais le destin voulut que l'incendie fût découvert et éteint avant que la *blessure mortelle* ne fût effacée. Robinson, comme je l'ai déjà dit, a été jugé et déclaré innocent du crime, grâce à l'ingéniosité de son avocat, qui l'a qualifié de « *garçon innocent* ». Le public, cependant, croyait fermement à sa culpabilité ; et la question se pose : « Si Dick Robinson n'a pas tué Ellen Jewett, *qui l'a fait* ? Je ne crois pas qu'on ait jamais présenté auparavant un exemple aussi honteux de justice pervertie, ni une illustration aussi frappante de la « glorieuse incertitude de la loi ». Il est assez singulier que Furlong, un épicier, qui jura un *alibi* en faveur de

Robinson, et qui fut le principal instrument employé pour effectuer l'acquittement de ce jeune homme, se suicida quelque temps après en se noyant, après avoir déclaré d'abord que sa conscience lui reprochait le rôle qu'il avait joué au procès !

Le sabbat au cours duquel ce meurtre a été mis au jour était un jour sombre et orageux, et j'ai des raisons de m'en souvenir bien, car, dans l'après-midi, ce bon vieux pèlerin - mon oncle, bien sûr - a découvert que j'avais fait l'école buissonnière. de l'école du dimanche le matin, et pour ce crime atroce, il, dans son saint zèle pour mon bien-être spirituel et temporel, résolut de m'accorder une flagellation saine et sévère, étant aidé et encouragé dans la formation de cette louable résolution par mon ma tante religieuse et mon frère moralisateur, dont ce dernier s'était transformé *en informateur* contre moi. De doux parents ? comme j'aime penser à eux — et je ne manque jamais de m'en souvenir dans mes prières. Eh bien, j'ai été traîné dans le grenier, qui était destiné à être le théâtre de ma punition. Si je me souviens bien, j'avais alors environ douze ans, et plutôt un jeune homme corpulent compte tenu de mon âge. J'ai décidé de me rebeller contre l'autorité de mes proches bien-aimés, d'affirmer mon indépendance et de me défendre du mieux que je pouvais. "J'ai assez souffert;" me disais-je, et maintenant *j'entre* .

« Briseur de sabbat, enlève ta veste », remarqua doucement le cher oncle alors qu'il arborait sauvagement une peau de vache d'un aspect des plus redoutables et d'une souplesse alarmante.

Ma réponse fut brève, mais expressive :

"Je te verrai d'abord," dis-je.

Mon oncle est devenu pâle, ma tante a crié et mon frère a levé le blanc de ses yeux et a gémi.

"Quoi, qu'est-ce que tu as dit ?" » demanda mon oncle, qui ne pouvait pas croire le témoignage de ses propres sens, car jusqu'à ce moment j'avais toujours soumis avec douceur aux traitements aimables de ce brave homme à mon égard, et il ne pouvait pas imaginer que je sois capable de lui résister. Eh bien, s'il y a jamais *eu* un ange sur terre, c'est bien mon oncle qui était cet ange en particulier. Les saints en général ont le nez pincé, les yeux verts et des voix semblables aux lamentations d'un petit cochon qui souffre les affres de la mort sous une roue de charrette. Et s'il y a jamais eu un chérubin, mon frère *était* certainement ce chérubin particulier, bien qu'en vérité, mes pieux souvenirs ne me fournissent pas l'affirmation selon laquelle les chérubins se distinguent par des têtes enflées et des jambes bandées.

"Je dis", fut ma réponse à la demande étonnée de mon oncle, "que je ne supporterai plus d'abus et de coups. J'ai assez longtemps supporté les mauvais traitements de la part de vous tous. Je suis presque affamé, et je suis battu comme un chien. Laissez l'un de vous trois tyrans me toucher, et je vous montrerai ce que c'est que de devenir désespéré. Je vous renie tous en tant que parents, et désormais je vivrai où je veux. , et fais ce que je veux."

Furieux de rage, mon oncle au caractère doux a soulevé la peau de vache et m'a frappé au visage. Je me suis immédiatement lancé dans cette partie de sa personne où il avait l'habitude de ranger ses haricots du sabbat, et l'excellent homme est tombé éperdument dans l'escalier du grenier, atterrissant en toute sécurité en bas et ne parvenant pas à se relever, pour la simple raison que il s'était cassé la jambe. Quel dommage cela eût été, et quelle perte la société aurait subie, si, au lieu de sa jambe, le saint homme lui avait cassé le *cou* !

Mon cher frère, accompagné de ma tante affectueuse, m'étranglait maintenant, mais je ne devais pas être conquis à ce moment-là, car « est armé trois fois celui qui a juste sa querelle ». La dame avec qui j'ai atterri dans une cuve d'eau impure qui se trouvait à proximité ; et elle présentait une apparence assez intéressante, remuant les talons et criant comme un chat en difficulté. J'ai jeté mon autre agresseur dans un tas de cendres, et la façon dont il pleurait était un avertissement adressé à un baleinier de Nantucket . En dévalant les escaliers, je passai devant la forme prostrée de mon oncle infirme, qui me pria de revenir, afin qu'il puisse me donner un coup de pied avec son pied utile ; mais, brutal que j'étais, je l'ai ignoré, je lui ai demandé de se rendre dans un endroit qui restera anonyme, puis j'ai quitté la maison aussi rapidement que possible, pleinement déterminé à ne jamais revenir, quelles qu'en soient les conséquences.

« Je suis maintenant assez vieux et assez grand, pensai-je mentalement, pour prendre soin de moi-même ; et demain je chercherai du travail et j'essaierai d'avoir l'occasion d'apprendre un métier. Où dormirai-je ? -nuit ? C'est assez facile de poser cette question, mais c'est vraiment difficile d'y répondre. J'aimerais que ce ne soit pas dimanche ! »

Un souhait plutôt impie, mais tout à fait naturel dans les circonstances. Je fouillai dans mes poches pour voir si j'étais propriétaire de quelque petite monnaie ; ma recherche fut magnifiquement réussie, car je découvris que j'avais six pence !

Oui, lecteur, un nouveau six pence en argent, qui brillait dans ma main comme une étoile brillante d'espoir, me poussant à l'entreprise, à l'effort. J'avais si peur de perdre la précieuse pièce que je continuais à la serrer fermement dans ma main. Je n'avais jamais eu droit à de l'argent de poche, même le 4 juillet ; et cette grosse somme était entrée en ma possession grâce à la munificence d'un voisin, en récompense d'une commission accomplie.

Ne sachant où aller, je descendis sur la Batterie, et m'abritai sous un arbre de la pluie qui tombait à torrents. Une situation plutôt intéressante pour un jeune de douze ans, sans abri, sans amis, presque sans le sou ! J'étais mouillé jusqu'aux os et, à mesure que la nuit tombait, j'avais désespérément faim, car je n'avais pas dîné ce jour-là, et même mon petit-déjeuner avait été d'un ordre *fantôme*, quelque chose comme les plats en carton qu'on expose sur la scène. du théâtre. Cependant, je ne désespérais pas, car j'étais jeune et actif, plein de cet espoir si naturel à un jeune avant que le contact brutal avec le monde n'écrase son esprit. J'étais bien conscient du fait que je n'étais pas un imbécile, même si j'avais souvent été traité comme tel par mes parents hostiles et peu reconnaissants , dont j'avais toujours tenu les opinions avec le plus suprême mépris. Alors que je me tenais sous cet arbre pour m'abriter de la pluie, je me sentais très heureux, car un sentiment d'indépendance était né en moi. J'étais désormais mon propre maître, et la conscience que je ne devais compter que sur moi-même était pour moi une source de satisfaction et de fierté. Je n'avais pas le moindre doute sur ma capacité à me frayer un chemin à travers le monde d'une manière ou d'une autre.

La nuit arriva enfin, noire comme le front d'un nègre du Congo et sans étoiles comme une troupe d'acteurs ambulants. Je ne pouvais pas rester toute la nuit sous l'arbre, c'était certain ; et je l'ai donc laissé, même si je pouvais à peine voir ma main devant moi. Cette main, d'ailleurs, tenait toujours avec ténacité le précieux six pence. Sortant à tâtons de la batterie et guidé par une lumière, j'entrai dans le bar d'un hôtel respectable, où étaient rassemblés un grand nombre de messieurs bien habillés, qui cherchaient un abri contre la tempête, et en même temps se livrant à leurs propensions conviviales. Beaucoup de bruit et de confusion régnaient ; et deux messieurs, qui, comme je l'ai appris plus tard, étaient des officiers appartenant à un navire espagnol alors au port, se sont disputés et se sont battus, au cours desquels l'un d'eux a poignardé l'autre avec un couteau de poignard, lui infligeant une blessure mortelle. .

Des agents ont été appelés, le meurtrier et sa victime ont été expulsés et un calme relatif a régné. J'étais assis dans un coin obscur du bar, me demandant comment je pourrais passer la nuit, lorsque je fus abordé sans ménagement par un garçon d'à peu près mon âge. C'était un jeune homme d'apparence libertine, plutôt beau en plus, habillé à la pointe de la mode et fumant un cigare avec une grande vigueur et un plaisir apparent. On verra par la suite que j'ai raison de me souvenir de cet individu jusqu'au dernier jour de ma vie. Dieu merci, je ne l'avais jamais rencontré !

Ce jeune homme me frappa familièrement sur l'épaule et dit :

"Bonjour, mon petit ! eh bien , tu es mouillé comme un rat noyé ! Viens prendre un cocktail au cognac, ça te réchauffera !"

Je n'avais jamais bu une goutte d'alcool de ma vie, et je n'avais pas la moindre idée de ce qu'était un cocktail au brandy, alors j'ai dit à mon nouvel ami, qui a ri de façon immodérée en s'exclamant :

" Comme tu es un joyeux vert, c'est sûr ; eh bien, tu es un vrai *novice* , et je vais t'appeler par ce nom désormais. As-tu de la boîte de conserve ? "

Je savais qu'il parlait d'argent, alors je lui ai dit que je n'avais que six pence au monde.

"Bah!" s'écria mon ami en tirant son cigare de sa bouche et en salivant de la manière la plus à la mode, qui es-tu, qu'es-tu et que fais-tu ici ? Viens, raconte-moi tout sur toi, et ce sera peut-être dans mon pouvoir de vous rendre service. »

Son attitude franche et désinvolte a gagné ma confiance. Je lui ai raconté toute mon histoire, sans aucune réserve ; et il a éclaté de rire quand je lui ai raconté comment j'avais jeté mon oncle tyrannique dans les escaliers.

" Cela a bien servi le vieux, " dit-il avec approbation, " vous êtes un homme d'un certain esprit et vous me plaisez. Venez prendre un verre, et nous pourrons ensuite discuter de ce qu'il y a de mieux à faire. "

Je m'opposais à la boisson, parce que j'avais formé un fort préjugé contre les esprits ardents, ayant souvent été témoin de ses effets déplorables en privant les hommes — et les femmes aussi — de leur raison et en les réduisant à l'état de bêtes brutes. Alors, en déclinant l'invitation de mon ami, je lui ai expliqué mes raisons, sur quoi il a ri plus fort que jamais, en remarquant :

"Eh bien, *Greenhorn* , tu ferais un excellent professeur de tempérance. Mais peut-être penses-tu que je n'ai pas d'argent pour payer le rhum. Écoute, qu'en penses-tu ? "

Il montra un grand rouleau de billets de banque et les brandit triomphalement. Je n'avais jamais vu autant d'argent, sauf dans les vitrines des courtiers ; et mon ami s'est immédiatement imposé dans mon esprit comme un *millionnaire* , dont la richesse était inépuisable. Je conçus soudain pour lui le plus profond respect, et je ne l'aurais offensé pour rien au monde. Comment pourrais-je persister à refuser de boire avec un jeune gentleman d'une telle richesse et (par conséquent nécessaire) d'une telle distinction ? En plus, j'ai soudainement ressenti une certaine curiosité de boire de l'alcool, juste pour voir quel goût cela avait. Après tout, il n'y avait que des gens très bas qui s'enivraient et se vautraient dans la fange. *Les messieurs* (je pensais) ne s'enivrent jamais, et ils semblent toujours si heureux et joyeux après avoir bu ! Comme ils se serrent la main, jurent une amitié éternelle et semblent généreusement disposés à prêter ou à donner tout ce qu'ils ont au monde ! C'est ce que je pensais, alors que ma décision était décidée d'accepter l'invitation de mon ami. Il est singulier que j'avais complètement oublié le meurtre qui venait de se produire dans ce bar et qui avait été directement provoqué par l'intempérance.

"Le fait est, mon cher *Greenhorn* ," dit mon ami d'une manière impressionnante, en brandissant la main à la manière d'un orateur âgé, expérimenté et éloquent, "le fait est que l' *usage* de l'alcool et son *abus* sont deux choses très graves. des choses différentes. Un homme (ici il s'est redressé) peut boire comme un gentleman, ou il peut boire comme un fainéant, ou une bête. Maintenant, *je* préfère la partie gentleman de l'argumentation, et c'est pourquoi nous allons monter et prendre une. Boisson de gentleman. Je serai heureux, jeune homme, de vous initier aux joies et aux mystères divins de Bacchus, hum !

Je regardai mon ami avec un étonnement accru, car il faisait preuve d'une assurance, d'un sang-froid, d'une élégante *nonchalance* qui dépassaient de loin son âge, car il n'avait qu'environ douze ans – mon âge exactement. Et puis quel langage il a utilisé, si raffiné, si lumineux et si révélateur d'une connaissance du monde ! J'avais envie d'être comme lui, de l'égaler dans ses nombreuses perfections, de porter autant d'argent que lui et de porter un aussi bon « *harnais* ». J'ai oublié de mentionner qu'il portait une splendide montre en or et que plusieurs bagues scintillantes ornaient ses doigts. "Qui peut-il être ?" telle était la question que je me posais ; et bien sûr, je n'ai pas trouvé de réponse.

"Félix," dit mon ami, s'adressant au barman avec une condescendance condescendante, alors que nous approchions du bar, "Félix, mon brave garçon, prépare-nous juste quelques cocktails au cognac, veux-tu, et rends-les *forts* . " Vous entendez, car la nuit est humide, et moi et mon ami verdoyant ici présent, sommes sur le point de voyager à la recherche de divertissement, tout comme le calife et son vizir parcouraient les rues de Bagdad. Venez, dépêchez-vous ! "

Le barman sourit, mélangea l'alcool et nous tendit les verres. Mon ami a heurté son verre contre le mien et m'a dit : "Voici de la chance", une cérémonie et une observation qui m'ont quelque peu surpris sur le moment, bien que je connaisse depuis longtemps ce qui était alors un mystère. Beaucoup de mes lecteurs — en fait, je peux dire la plupart d'entre eux — n'auront besoin d'aucune explication à ce sujet ; et quant à ceux qui l'ignorent, je dirai simplement : qu'ils le gardent longtemps !

Mon ami a lancé son cocktail avec l'air d'un habitué et il l'a plutôt aimé qu'autrement ; mais je n'eus pas autant de succès, car, ignorant totalement la science de la boisson, la force de l'alcool faillit m'étouffer, au grand amusement de mon ami plus expérimenté, qui me conseilla de réessayer. J'ai *réessayé* , et avec plus de succès, la liqueur a suivi le chemin de tous les rhums et a rapidement produit les effets habituels. Bien entendu, son influence sur moi fut extrêmement puissante, car je n'étais absolument pas habitué à son utilisation. Un sentiment d'exaltation très agréable m'envahit - je pensais que je valais à peine cent mille dollars - j'embrassai mon ami et jurai qu'il était un "atout" - je remarquai alors, avec une légère surprise, qu'il avait été multiplié en deux individus. — il y avait maintenant deux barmans, alors que juste avant de boire, il n'y en avait qu'un — un lustre supplémentaire venait d'intervenir pour visiter l'unique qui éclairait la pièce — pour parler franchement, je voyais double ; et pour résumer toute l'affaire en quelques mots, j'étais, pour la première fois de ma vie, très décidément et incontestablement *ivre* .

D'aussi loin que je me souvienne, mon ami a lié son bras au mien et nous nous sommes évanouis dans la rue – il m'a partiellement soutenu et m'a empêché de tomber. Nous étions certainement deux précieux jeunes gens de douze ans : l'un chancelant et essayant de tomber, et l'autre riant et le soutenant !

La pluie avait cessé de tomber et les étoiles brillaient comme si de rien n'était. L'air frais m'a dégrisé et mon ami m'a félicité de m'être remis d'un état d'ivresse.

"Après un peu d'entraînement au bar", dit-il, "il faudra beaucoup de *coups* pour vous *assommer* . Laissez-moi vous donner quelques conseils en matière de consommation d'alcool. Ne mélangez jamais votre alcool, tenez-vous-en toujours à un seul type. Après chaque verre , mangez un cracker - ou, ce qui est mieux, un cornichon. Les boissons natures sont toujours les meilleures - de loin préférables aux boissons raffinées, qui contiennent du sucre, des citrons, de la menthe et d'autres déchets, bien qu'une boisson mélangée puisse être prise sur un verre ; nuit d'orage, comme celle-ci a été. Buvez de la bière avec parcimonie, et seulement après le dîner, car, prise en grande quantité, elle a tendance à gonfler une personne, et elle joue en outre au diable ses arrangements internes. ce sont, au mieux, des choses sales, faites des matériaux les plus répugnants et de la manière la plus sale. Buvez toujours *de la bonne liqueur* , qui ne vous fera pas de mal, tandis que les choses viles qui se vendent dans les différents bars vous enverront bientôt. votre tombe. Si vous passez un jour ou deux à boire librement, ne manquez pas de manger un seul repas, et si vous n'avez pas envie de manger, *forcez* -vous à le faire ; car, si vous négligez votre nourriture, ce terrible démon, *Delirium Tremens* , vous maîtrisera avant que vous vous en rendiez compte. Chaque matin, après une *virée* , prenez une bonne corne d'eau-de-vie bien raide, et peu après un verre de soda nature, qui vous rafraîchira. Ne buvez jamais de gin – c'est une substance vulgaire, impropre à l'usage des gentlemen. – Lorsque vous désirez vous réformer après avoir bu, ne vous arrêtez jamais brusquement, ce qui est dangereux ; mais *diminuez* progressivement : trois verres aujourd'hui, deux demain et un le lendemain. Ne buvez jamais avec des gens bas, sous aucun prétexte, car cela vous rabaisse à leur niveau. Lorsque vous allez à une beuverie ou à un dîner à la mode, asseyez-vous dos au soleil, limitez-vous à une sorte de liqueur, buvez de temps en temps une gorgée de vinaigre, et le diable lui-même ne peut pas vous boire sous la table ! Maintenant, tu me comprends, mon cher *greenhorn* ?"

De tels propos et conseils, émanant d'un garçon de douze ans, m'ont étonné et m'ont poussé à conclure qu'il devait être en effet un jeune très « *rapide* ». J'ai fait une enquête plus particulière auprès de mon nouvel ami. Il n'était pas remarquablement beau, mais son visage rougissait non pas de santé, mais de boisson. Une teinte rosée imprégnait ses joues pleines et un vermillon délicat colorait le haut de son nez bien formé. Sa forme était un peu plus légère que la mienne, mais il paraissait vigoureux et actif. Sa veste étroitement boutonnée développait une poitrine pleine et une paire de bras musclés. Ses petits pieds étaient chaussés de bottes en cuir verni. Sur sa tête se trouvait un joli bonnet de drap, sous lequel coulaient une quantité de cheveux fins et bouclés. Je lui enviais vraiment sa beauté, ainsi que ses capacités mentales. Il a vu que je l'admirais ; et il m'aimait pour ça.

Tel était *Jack Slack* , autant dire son nom tout de suite, car je déteste la supercherie des auteurs qui maintiennent la curiosité de leurs lecteurs douloureusement excitée jusqu'au bout de leurs récits dans le but de produire un *effet* . Mes habitudes professionnelles d'écrivain m'incitent à faire de même ; mais je ne dois pas oublier que j'écris ma propre histoire, et non une effusion de mon imagination, qui semble être une mère prolifique, car elle a produit de nombreux enfants et (si je vis) peut en produire beaucoup plus.

Pendant que j'écris maintenant, les cloches du sabbat sonnent en douce harmonie et, par ma fenêtre ouverte, vient le souffle frais mais doux d'un matin d'automne. Oui, c'est dimanche, et toutes les saintes associations du jour sacré se pressent sur moi. Je peux presque voir l'église du village et la foule de fidèles qui s'y trouvent, écoutant les remarques ferventes et les exhortations de leur pasteur. Ensuite, je peux imaginer la magnifique cathédrale, avec ses vitraux, ses sculptures élaborées, ses orgues qui sonnent et son assemblée à la mode de fidèles superficiels. Pendant que d'autres prient, jouissent et dorment, je passe ma plume de fer sur le papier impeccable, et je souhaiterais que ma calligraphie puisse suivre le rythme de ma pensée. — Ceci est une digression ; mais le lecteur lui pardonnera. Je connais *une* chère créature qui, lorsque ses yeux parcourront ces pages, me comprendra. Mais elle, hélas ! c'est très loin.

Où étais-je? Oh, en parlant de Jack Slack. Comme je me souviens bien de la nuit où je l'ai rencontré pour la première fois ! Je le vois maintenant, avec ses sourires malicieux, ses yeux pleins de diablerie, ses lèvres méprisantes, j'entends presque son rire moqueur. Oui, bien que dix-huit ans se soient écoulés depuis, le souvenir de cette nuit est frais en moi, comme si son événement n'était qu'hier.

Que la perdition s'empare des circonstances qui m'ont amené à le rencontrer ! Il a été la base de mes malheurs dans la vie. Sans lui, j'aurais pu mener une vie heureuse et tranquille ; inconnu, c'est vrai, mais toujours heureux. Mais, le pauvre ! il est mort maintenant. Il est mort de ma main, et je ne regrette pas cet acte et je ne m'en souviendrais pas si j'en avais le pouvoir. Mais le lecteur le saura plus tard.

Ce fut ma première nuit de dissipation, ce fut l'occasion de mon initiation aux mystères de la débauche. J'avais auparavant mené une vie nécessairement régulière et sobre : me coucher à huit heures, me lever à six heures, à l'école à neuf heures, etc. (D'ailleurs, je n'ai jamais rien appris à l'école - le maître m'a déclaré le coquin le plus stupide de l'entreprise et m'a fouetté en conséquence - bon vieux ! Tout ce que j'ai appris a été acquis dans une *imprimerie* .) Eh bien, voici À l'âge de douze ans, je me suis lancé dans la mer de la vie citadine, sans guide, sans protecteur ni ami. Quelle merveille est-il que je sois devenu un individu imprudent, dissipé, insouciant de moi-même, de mes intérêts, de ma renommée et de ma fortune ?

Jack Slack et moi, bras dessus bras dessous, entrâmes dans Broadway et remontâmes tranquillement cette noble avenue. Nous avons rencontré plus d'une courtisane et plus d'un guetteur que nous avons salué des compliments de la saison. (Il n'y avait alors ni *Brazen Stars* , [B] ni *MP's* .) Une dame du pavé, à qui mon compagnon s'est adressé en termes de bravoure élogieuse, a dit : « Petit garçon, rentre chez ta mère et dis-lui qu'elle te veut ! "

Je m'apprête maintenant à faire un aveu humiliant, mais je ne dois pas reculer devant cela, dans la mesure où je me suis assis avec la détermination d'écrire « la vérité, toute la vérité et rien que la vérité ». J'ai permis à Jack de me persuader de l'accompagner dans une visite dans un établissement célèbre de la rue Leonard, une maison occupée par des dames accommodantes, très attirantes, mais pas particulièrement vertueuses. C'était bien sûr ma première visite dans une maison mal famée ; et sans comprendre exactement la nature du lieu et ses dispositions, j'étais profondément impressionné par l'étrangeté et la nouveauté de tout ce qui m'entourait. Les meubles coûteux et élégants, les lustres brillants, les magnifiques estampes et peintures françaises, mais plutôt *lâches* , le luxe universel qui prévalait, les dames voluptueuses, avec leurs épaules nues, leurs joues peintes et leurs manières libres et faciles, les gens plantureux et animés. L'hôtesse, qui était habillée avec une splendeur presque royale et portait une profusion de bijoux, la foule de messieurs à moitié ivres qui buvaient du vin et riaient aux éclats, tout cela m'étonnait et me déconcertait. Mon ami Jack semblait être bien connu des habitants de la maison, dont il semblait être un immense favori. Après m'avoir présenté, à mon grand mécontentement et à mon dégoût, à une dame, il en prit une autre et me demanda quelques bouteilles de vin. Jack et sa dame étaient évidemment dans les termes les plus intimes et les plus affectueux, tandis que ma compagne semblait encline à être très aimante, mais je n'appréciais pas ses avances, n'étant absolument pas habitué à de telles choses. Le champagne fut apporté et on me persuada d'en boire librement. La conséquence a été que je me suis vite retrouvé ivre, impuissant. Je me souviens indistinctement des lumières dansantes, du claquement des bouchons de champagne, du bruit, de la confusion, du vrombissement d'un piano et des rires bruyants, puis je suis tombé dans un état d'insensibilité totale.

Quand je me suis réveillé, j'ai été étonné de ma situation et tout naturellement, car j'étais dans un appartement étrange et confortablement lové dans un lit étrange mais résolument luxueux. La pièce était joliment meublée, mais à ma grande surprise supplémentaire, de nombreux vêtements féminins étaient éparpillés, indiquant que l'habitant régulier de l'endroit était une dame. Ce mystère fut bientôt résolu, car je n'étais pas le seul occupant du canapé. Ma compagne était la dame à qui j'avais été présenté par Jack Slack. Pitié de mon état d'impuissance – et, sans doute, poussée par le malicieux Jack – elle m'avait porté jusqu'au lit et s'était également retirée, poussée par une inquiétude bienveillante pour ma sécurité. Quelle situation délicate dans laquelle se trouver placé un jeune modeste ! Après avoir constaté, à ma grande satisfaction, que la dame dormait profondément, je me levai avec précaution et sans bruit pour ne pas la réveiller. En vérité, j'étais dégoûté de toute cette affaire et j'étais déterminé à en sortir le plus rapidement possible. Heureusement, une lumière brillait dans la pièce, ce qui me permettait de me déplacer en toute sécurité. Une montre en or posée sur la table m'informa qu'il était presque minuit. — Quittant la chambre et son détenu endormi, je descendis les escaliers en rampant, et, en passant la porte du salon principal, la voix de Jack Slack, qui chantait une chanson comique au milieu des applaudissements les plus enthousiastes, m'a convaincu que mon intéressant ami se rendait toujours une source d'amusement et un objet d'admiration. Sans m'arrêter pour le complimenter sur l'excellence de sa prestation, je m'approchai de la porte d'entrée, tournai la clé qui était dans la serrure, détachai la chaîne et sortis dans la rue, au moment où l'horloge d'un clocher voisin proclamait l'heure. de douze.

J'avais terriblement mal à la tête après le champagne que j'avais si abondamment bu, et en plus, je me sentais extrêmement lourd et somnolent. Incapable de résister à l'influence écrasante de mes sentiments, je me suis assis sur les marches d'une maison et je me suis endormi profondément en moins d'une minute. Puis j'ai rêvé d'être saisi par la puissante emprise d'un démon gigantesque et de m'enfuir en toute hâte vers l'abîme. J'avais certes conscience d'être déplacé, mais mon état d'inconscience ne me permettait pas de parvenir à une compréhension précise de ce qui m'arrivait. Quand je me réveillai enfin, je me trouvai dans un appartement dont l'aspect était bien différent de la chambre luxueuse que je venais de quitter. Le sol, les murs et le plafond de l'appartement étaient en pierre ; il n'y avait pas de fenêtres, mais une étroite ouverture, en haut du mur, laissait passer la faible lueur du jour. Il y avait une porte de fer, une conduite d'eau et une plate-forme sur laquelle j'étais allongé et sur laquelle reposaient plusieurs messieurs aux vêtements miteux et à l'apparence malsaine. Le lieu et la compagnie, vaguement révélés par la lumière incertaine du matin, m'inspirèrent des émotions d'horreur ; et dans mon inexpérience et mon ignorance, je me suis dit :

"Je dois quitter cet endroit immédiatement. Comment je suis arrivé ici est un mystère, mais il est certain que je ne peux pas rester."

Je me levai de mon lit dur et m'approchai de la porte de fer avec l'espoir confiant de pouvoir m'évanouir sans aucune difficulté, car j'imaginais que j'étais tombé dans l'un de ces hôtels bon marché et misérables dont la ville regorge. (À propos, j'aurai peut-être plus tard quelque chose à dire à propos de ces logements bon marché. De riches développements pourraient être réalisés, qui étonneront plutôt le lecteur non averti.)

À ma grande surprise, j'ai constaté que la porte ne pouvait pas être ouverte ; puis un de mes compagnons de chambre, qui avait observé mes déplacements, s'écria :

"Vas-tu nous quitter, mon garçon ? Alors laisse-nous ta carte, ou une mèche de tes cheveux en souvenir de toi."

« Auriez-vous la gentillesse de me dire de quel endroit il s'agit ? dis-je.

L'homme éclata de rire en répondant :

"Pourquoi, tu ne sais pas ? Quel jeune innocent tu es, bien sûr ! Comment diable as-tu pu venir ici sans rien savoir ? Mais je suppose que tu étais ivre, ce qui est bien dommage pour un garçon. comme toi. Eh bien, pour ne pas vous tenir en haleine, je dois vous informer que vous êtes au *poste de garde des Tombeaux* !"

Cette information m'a consterné. Être en détention – être prisonnier – être associé à une compagnie de parias, de voleurs et peut-être de meurtriers – était pour moi le comble de l'horreur. Je regardai particulièrement l'homme avec qui j'avais conversé. C'était un individu à l'allure sauvage, avec une barbe semblable à celle d'un pirate et un œil qui parlait de sang et d'indignation. Il était habillé grossièrement, avec un costume qui annonçait qu'il était marin.

Au cours d'une conversation que nous avons eue, il m'a appris qu'il avait commis un meurtre la veille au soir et qu'il s'attendait à être pendu.

« Nous nous sommes disputés aux cartes, dit-il, et il m'a menti. J'ai alors sorti mon couteau mortel et je l'ai poignardé au cœur. Il est mort sur le coup ; la police s'est précipitée et me voilà. Mon cou sera brisé. tendu, mais je m'en fiche. Qu'importe la façon dont un homme meurt ? Quand mon heure viendra, je sortirai aussi volontiers et aussi joyeusement que si j'allais prendre un verre.

(Je remarquerai ici que j'ai vu plus tard cet homme pendu dans la cour des *Tombeaux* . Son histoire est en ma possession, et je l'écrirai désormais.) [C]

A neuf heures, je fus conduit devant le magistrat, qui, après m'avoir sévèrement réprimandé pour ma mauvaise conduite, me libéra de ma garde à vue, en me faisant remarquer que si j'y étais ramené de nouveau, il serait obligé de m'enfermer aux Tombeaux pour le temps. de cinq jours. Ravi d'avoir obtenu ma liberté, je suis sorti de la salle d'audience et me suis retrouvé rue du Centre . Ma débauche de la nuit précédente ne m'avait nullement coupé l'appétit ; et, comme j'avais encore en ma possession les six pence dont j'ai parlé plus haut, je résolus de préparer immédiatement un petit déjeuner. Conscient que mes finances limitées ne me permettaient pas d'obtenir un repas très somptueux, et comprenant pleinement la nécessité d'économiser, j'entrai dans la boutique d'un boulanger et j'achetais trois petits pains au prix d'un centime l'exemplaire. Ainsi muni, je me rendis à une pompe de la rue voisine et préparai un petit déjeuner léger mais sain.

C'est ainsi, lecteur, que votre humble serviteur commença à acquérir la connaissance du monde.

NOTES DE BAS DE PAGE :

[A] La dernière fois qu'on a entendu parler de Robinson, il était au Texas, et on a rapporté qu'il était marié et riche, son bras droit qu'il avait perdu dans une bataille dont je ne me souviens pas du nom.

[B] Je viens d'écrire une histoire sous ce titre, pleine de faits et d'amusement, et contenant plus de vérité que de poésie. Le lecteur peut l'obtenir en s'adressant à l'éditeur de cet ouvrage. Cela mérite d'être lu.

[C] Ce travail est actuellement en cours de préparation. Pour les amateurs de contes passionnants, cette histoire sera particulièrement attractive. Il sera publié par l'éditeur de ce récit.

CHAPITRE II

Dans lequel je deviens imprimeur et suis introduit dans certains mystères de la vie conjugale.

Après avoir déjeuné à mon entière satisfaction et aussi pour mon grand rafraîchissement corporel, j'entrai dans le parc, m'assis sur les marches de l'hôtel de ville et réfléchis : « Qu'est-ce qu'il y a de mieux à faire ? » — C'était lundi matin et le temps était mauvais. parfaitement bien. C'était une excellente période pour chercher un emploi. Une pancarte sur un vieux bâtiment de Chatham Street a attiré mon attention ; dessus étaient inscrits les mots « Book and Job Printing ».

"Bien!" fut mon exclamation murmurée alors que je quittais le parc et me dirigeais vers le vieux bâtiment en question : « Je serai imprimeur ! Franklin en était un, et lui, comme moi, aimait les petits pains, car il entra à Philadelphie avec un sous chaque bras. Oui, je serai imprimeur.

En entrant dans l'imprimerie, je trouvai qu'il s'agissait d'une très petite entreprise, ne contenant qu'une seule presse et un assortiment de caractères assez limité. Le propriétaire du bureau, que j'appellerai M. Romaine, était un homme d'âge moyen, d'apparence plutôt intellectuelle. Étant très travailleur, il effectuait lui-même la majeure partie de son travail, engageant toutefois occasionnellement un compagnon lorsque le travail était inhabituellement abondant. Quand je suis entré, il a levé les yeux de sa valise et a demandé, d'un air bienveillant :

"Eh bien, mon garçon, que puis-je faire pour *toi* ce matin ?"

"S'il vous plaît, monsieur, je veux apprendre à être imprimeur", répondis-je hardiment.

" Ah, en effet ! Eh bien, je pensais justement prendre un apprenti. Mais rends compte de toi : quel âge as-tu et qui es-tu ? "

J'ai franchement communiqué à M. Romaine tout ce qu'il désirait savoir sur moi, et il s'est déclaré parfaitement satisfait. Il m'a immédiatement mis à « apprendre les cases » d'une caisse de type ; et en une demi-heure j'avais accompli la tâche, qui n'était pas bien difficile, ce n'était qu'un effort de mémoire.

Ayant été convenu que je m'établirais dans la maison de M. Romaine, j'accompagnai ce monsieur chez lui pour dîner. Il vivait dans la rue William et sa femme tenait une pension à la mode pour les marchands, les hommes professionnels, etc. Plusieurs de ces messieurs étaient des hommes mariés et avaient leur femme avec eux. Mme Romaine, l'épouse de mon employeur, était l'une des plus belles femmes que j'aie jamais vues : grande, voluptueuse et vraiment belle. Elle avait environ vingt-cinq ans et ses manières étaient particulièrement fascinantes et agréables. Elle était toujours habillée avec une grande élégance et était admirablement adaptée au poste qu'elle occupait comme logeuse d'un établissement comme celui-là. Je ferai remarquer que, quoique épouse de M. Romaine depuis plusieurs années, elle n'avait pas eu de descendance, ce qui était sans doute pour elle une grande déception, sans parler du *chagrin* qu'éprouve une femme mariée. se sent naturellement lorsqu'elle ne parvient pas, en temps voulu, à augmenter la population de son pays.

Habitué que j'avais été à la rareté économique de la table de mon oncle, j'étais à la fois surpris et ravi de l'abondance luxueuse qui m'accueillait en m'asseyant pour dîner chez Mme Romaine. J'étais également satisfait de la vivacité, de l'intelligence et de la bonne humeur de la conversation dans laquelle ces dames et messieurs se livraient, ainsi que de leur attitude raffinée et courtoise les uns envers les autres. Je me félicitais d'avoir réussi à me lancer non seulement dans les affaires, mais aussi dans la bonne société.

« Si mes parents bien-aimés, pensai-je, pouvaient me voir maintenant, ils ne seraient peut-être pas très satisfaits de ma situation et de mes perspectives. Qu'ils aillent à Belzébuth ! Je continuerai dans le monde, malgré eux !

En quelques jours, je commençai à être très utile à l'imprimerie, car j'avais appris à composer des caractères et à *rouler* derrière la presse ; J'ai également accompli toutes les multiples tâches du *diable* et j'ai eu la chance de m'assurer la bonne volonté de mon employeur, qui m'a généreusement acheté un beau costume neuf et semblait soucieux de me mettre aussi à l'aise que possible. Sa femme aussi me traita très gentiment ; mais il y avait quelque chose de mystérieux chez cette dame, qui pendant un temps m'a extrêmement intrigué. Une découverte que j'ai faite m'a plutôt étonné, malgré mon jeune âge, et m'a fait faire une « diablesse de réflexion ». M. Romaine et sa femme occupaient des appartements séparés, et il semblait y avoir une aversion entre eux, bien qu'ils se traitaient avec la politesse la plus formelle et la plus scrupuleuse. Mais mes lecteurs conviendront avec moi que la simple *politesse* n'est pas le seul sentiment qui devrait exister entre un mari et sa femme. Il y avait évidemment quelque chose de « pourri au Danemark » entre M. et Mme Romaine, et je résolus, si possible, de pénétrer le mystère.

M. Romaine, qui se disait un homme pieux, était particulièrement favorable à « se souvenir du jour du sabbat pour le sanctifier », et il m'a donc ordonné d'être très ponctuel dans ma fréquentation de l'église et de l'école du dimanche, et j'ai obéi à sa louable demande. jusqu'à ce que des visions de grandeur et de renommée littéraire commencent à poindre sur moi, après quoi, poussé par le pain d'épice et l'ambition, et étant en outre aidé et encouragé par le diable d'âge tendre et d'aspirations littéraires d'un autre imprimeur, je suis entré un dimanche matin dans l'imprimerie ((dont j'ai gardé la clé), et assisté de mon compagnon, j'ai monté et édité cent exemplaires d'un petit périodique d'à peine six pouces carrés, contenant un *très* bref résumé de l'actualité du jour, un leader politique *très indifférent, et* quelques critiques théâtrales *plutôt partielles. Nous avons publié* ce vaste journal trois dimanches successifs, le faisant circuler parmi nos jeunes amis au tarif modéré d'un cent l'exemplaire. Le quatrième dimanche, nous avons été surpris en train d'imprimer notre journal par M. Romaine lui-même, qui, même s'il se retenait difficilement de rire du plaisir de la chose, nous a fait une longue conférence sur le crime de transgression du sabbat. puis nous a fait distribuer le type, oubliant que nous violions le sabbat autant en démontant notre forme qu'en l'assemblant.

M. Romaine était également fortement opposé aux théâtres, mais néanmoins je visitais le « petit Frankin » quatre ou cinq fois par semaine, pour voir John et Bill Sefton dans le « Golden Farmer » et d'autres mélo -drames passionnants, un choix pratique. En outre, un jardin et un cabanon me permettaient d'entrer dans ma chambre à toute heure de la nuit, sans que mon employeur ne s'aperçoive de mon absence.

Un soir, après avoir été dans mon lieu de divertissement favori, je rentrai chez moi vers minuit. En entrant dans le jardin, je découvris, à ma grande surprise, une lumière sortant des fenêtres de la cuisine, phénomène très inhabituel. Je me suis glissé doucement jusqu'à l'une des fenêtres, et en regardant dans la cuisine, une scène s'est présentée à mon regard qui m'a rempli d'étonnement.

Mme Romaine, vêtue seulement de sa chemise de nuit, était assise à une table, et à ses côtés se trouvait un jeune gentilhomme nommé Anderson, qui pensionnait dans la maison et qui était un commerçant prospère. Son bras était autour de la taille de la dame, et sa tête reposait affectueusement sur son épaule. Elle était d'une beauté et d'une volupté inhabituelles ce soir-là, pensai-je, aussi jeune que j'étais, je ne m'étonnais pas du regard d'admiration passionnée avec lequel Anderson regardait sa belle compagne, sur le visage sensuel de laquelle reposait une expression d'amour satisfait. Sur la table se trouvaient les restes d'un souper auquel ils avaient évidemment participé ; il y avait aussi une bouteille de vin et deux verres partiellement remplis. Mme Romaine sirotait son vin de temps en temps, ainsi que son amant ; et les deux coupables semblaient s'amuser beaucoup. Il était évident que la dame était résolue à ne rien perdre en s'éloignant de son mari ; il était également évident qu'entre elle et M. Romaine il n'existait pas la moindre parcelle d'amour. Je ne me demandais plus pourquoi les mariés occupaient des appartements séparés ; et je parvins à la conclusion que la déception à l'égard des enfants était la cause de leur aversion mutuelle. Si j'écrivais une romance au lieu d'un récit de faits, j'introduireais ici une tendre conversation imaginaire entre les deux hommes. Mais comme aucune conversation de ce genre n'a eu lieu, je n'en ai aucune à décrire.

«Eh bien, me dis-je, c'est vraiment un joli état de choses. Je suppose que si M. Romaine soupçonnait quelque chose de ce genre, il y aurait le diable à payer, et ce n'est pas une erreur. mes affaires ; alors je vais monter par ma fenêtre et me coucher. »

Mon employeur était un très bon homme, et je le plaignais sincèrement à cause de sa malheureuse situation conjugale. Je me détournai de la fenêtre de la cuisine et commençai à gravir le hangar pour atteindre ma chambre. J'avais presque atteint le toit du hangar, lorsqu'une planche céda et que je fus précipité au sol, à une distance d'environ dix pieds. Heureusement, je n'ai subi aucune blessure ; mais le bruit éveilla et alarma le couple amoureux dans la cuisine. Mme Romaine, dans sa terreur et sa crainte d'être découverte, poussa un léger cri ; tandis que M. Anderson se précipitait et me saisissait avec une poigne assez puissante. Je me suis débattu, j'ai donné des coups de pied et j'ai essayé de me dégager, mais tout cela n'a servi à rien. Avec de nombreuses imprécations murmurées, Anderson m'entraîna dans la cuisine et jura que si je ne restais pas silencieux, il me poignarderait au cœur avec un couteau à poignard qu'il sortait de sa poche.

" Espèce de jeune coquin, dit celui-ci, qui vous a employé pour jouer le rôle d'un espion ? M. Romaine vous a-t-il ordonné de nous surveiller ? Est-il tapi dehors, dans le jardin ? Si oui, qu'il se méfie, car je suis un un homme désespéré, avec lequel il ne faut pas prendre à la légère ! »

J'expliquai tout à l'entière satisfaction du monsieur et de la dame, dont le visage s'éclaira lorsqu'ils constatèrent que les choses étaient loin d'être aussi mauvaises qu'ils l'espéraient.

"Maintenant, mon garçon," dit Anderson, "gardez parfaitement dans le noir cette affaire, et je ferai votre fortune. Vous n'aurez jamais besoin d'un dollar tant que je vivrai. En guise de gage de ce que je pourrai désormais faire pour vous, acceptez cette bagatelle qui vous permettra d'assouvir à votre guise vos penchants pour le théâtre.

La « bagatelle » était une pièce d'or de dix dollars. Je n'avais jamais possédé autant d'argent auparavant ; et aucun millionnaire ne s'est jamais senti plus riche que moi à ce moment-là. Des visions délicieuses de friandises dramatiques se sont présentées devant moi et j'étais heureux.

M. Anderson m'a fait boire quelques verres de vin, qui étaient très bons et qui m'ont fait me sentir assez élevé. Puis il m'a dit que je ferais mieux d'aller me coucher et j'étais entièrement d'accord avec lui. Alors, souhaitant au couple amoureux une bonne nuit condescendante et leur souhaitant facétieusement un agréable moment ensemble - le vin m'avait rendu audacieux et impertinent - je quittai la cuisine et commençai à monter les escaliers vers ma propre chambre avec tout le silence et la prudence dont J'étais capable.

J'étais destiné cette nuit-là à faire une autre découverte étonnante. Étant assez ivre, j'ai été privé de mon jugement habituel et je me suis laissé trébucher contre une table qui se trouvait sur l'un des paliers en face de la porte de la chambre d'une jeune et particulièrement jolie veuve nommée Mme Raymond, qui logeait dans la maison. Elle possédait une fortune indépendante et menait une vie de loisirs élégants. Bien que sage dans son apparence et révérende dans son comportement, il y avait toute une troupe de diables dansants dans ses yeux qui proclamaient le fait que sa nature n'était pas exactement aussi froide que la glace.

Ma collision avec la table m'a fait reculer, et je suis tombé violemment contre la porte de Mme Raymond, qui s'est ouverte à la volée, et j'ai atterri au centre même de l'appartement.

J'ai entendu un cri, puis un juron. Le cri était l'œuvre de la belle veuve ; la malédiction était la production de M. Romaine, mon pieux employeur, vénérant le sabbat et opposé au théâtre, qui, sautant du canapé sur lequel il était assis à côté de la veuve, me saisit à la gorge et me demanda comment diable je suis venu là ?

Mon esprit ne m'avait pas entièrement abandonné et j'ai réussi à raconter une histoire tout à fait plausible. J'ai avoué franchement que j'étais allé au théâtre et j'ai déclaré que j'étais entré dans la maison par la fenêtre de la cuisine. Bien sûr, je n'ai rien dit sur Anderson et Mme Romaine.

" Vous avez bu, " dit M. Romaine d'un ton qui n'était nullement sévère, " mais je vous pardonne cela, et aussi de m'avoir désobéi en allant au théâtre. Soyez un bon garçon à l'avenir, et tu n'auras jamais besoin d'un ami tant que je vivrai.

Pendant qu'il parlait, j'ai regardé autour de moi. Il était superbement meublé avec le goût le plus raffiné et le plus élégant. Mme Raymond, qui était toujours assise sur le canapé, rougit profondément lorsque ses yeux rencontrèrent les miens. Elle était *en déshabillé* et avait l'air charmant. Je ne pouvais m'empêcher d'admirer les perfections divines de sa forme, *révélées* par la tenue délicieusement insouciante qu'elle portait. Je ne m'étonne pas que ma présence respectée l'ait troublée, car elle s'était toujours présentée comme le modèle très rose et typique des convenances féminines, et en outre, elle me faisait souvent de sévères sermons sur l'énormité de certaines de mes offenses juvéniles, qui lui venaient à l'esprit. connaissance.

M. Romaine continua de s'adresser à moi ainsi :

"Si vous promettez solennellement de ne rien dire de m'avoir vu dans cette pièce, je vous récompenserai généreusement."

Je fis volontiers la promesse demandée, sur quoi mon pieux employeur me présenta un billet de cinq dollars, que je reçus avec toute la nonchalance du monde. Je me retirai alors et gagnai ma propre chambre sans rencontrer d'autres aventures. Le sommeil ne me visita pas cette nuit-là, car mes pensées étaient trop occupées des découvertes que j'avais faites ; et d'ailleurs, la conscience bienheureuse d'être propriétaire de la somme princière de quinze dollars m'aurait tenu éveillé, indépendant de toute autre chose.

Un jour ou deux après ces événements, en parcourant un des journaux du matin, je vis une annonce signée par mon oncle, dans laquelle ce digne homme offrait une récompense pour mon arrestation. L'avis contenait une description minutieuse de mon apparence personnelle et des vêtements que je portais lorsque je « me suis enfui ». Bien que mes vêtements fussent entièrement changés, je craignais que quelqu'un ne me reconnaisse et ne me ramène chez mon oncle, où j'avais toutes les raisons de m'attendre à un traitement bien pire que celui que j'avais jamais reçu auparavant. Mais M. Romaine, à qui j'ai montré l'annonce, m'a dit de ne pas m'inquiéter du tout, car il me protégerait à tout risque. Cette assurance m'a fait me sentir beaucoup plus à l'aise. Je n'ai jamais été agressé à cause de cette publicité.

Après la nuit où j'avais détecté l'intrigue de mon employeur et de sa femme, je me mis à vivre résolument « en trèfle » et à accumuler de l'argent assez rapidement. Toutes les parties concernées m'ont traité avec la plus grande considération et le plus grand respect. M. Romaine me laissait faire à peu près ce que je voulais à l'imprimerie, et j'y passais ainsi un temps très agréable et tranquille, faisant pour mon propre compte autant d'impressions du dimanche que je le désirais, et allant au théâtre aussi souvent. comme je le souhaitais. M. Anderson me glissait occasionnellement un billet de cinq dollars dans la main, m'enjoignant en même temps de « garder maman » ; Mme Romaine, de ses belles mains, m'a confectionné une douzaine de superbes chemises, m'a fourni d'innombrables mouchoirs, bas et cravates fantaisie, et a arrangé tout cela de telle sorte qu'à mon retour du théâtre le soir, un bon petit souper m'attendait dans la salle. cuisine. Elle partageait parfois ces repas avec moi, car, en femme sensée, elle aimait toutes les bonnes choses de la vie, y compris bien manger et bien boire. Anderson nous rejoignait de temps en temps et nous organisions une petite fête confortable et confortable . Mme Raymond, la jolie veuve, ne tarda pas à me témoigner combien elle était reconnaissante de mon silence au sujet de sa fragilité. Elle me faisait fréquemment des cadeaux en argent et me donnait une bague élégante et précieuse, que je portai jusqu'à ce que « l'intervention d'une circonstance malheureuse » m'oblige à la confier à la garde de « mon oncle » – et non de mon parent bien-aimé de la rue Thomas. (paix à sa mémoire, car il a suivi le chemin de tout porc,) — mais cet oncle accommodant à moi et à tous les autres, M. Simpson, qui habite la *rue de Chatham* , et dont le manoir est décoré de trois boules dorées. Gentil et pratique oncle Simpson !

Ah ! c'étaient mes jours heureux, où aucun souci ne jetait son ombre sur mon âme. En pensant à cette saison de bonheur sans mélange, je m'écrie involontairement, dans les paroles d'une belle chanson populaire :

"Je le ferais, je redeviendrais un garçon !"

Trois années se sont écoulées sans qu'aucun événement suffisamment important pour mériter une place dans ce récit ne se soit produit. Quand j'atteignis ma quinzième année, la pension à la mode de Mme Romaine devint le théâtre d'une tragédie si sanglante, si affreuse et si épouvantable, que même maintenant, pendant que j'y pense et que j'écris, mon sang se glace dans mes veines. . Cette terrible affaire ne peut pas plus être effacée de ma mémoire que le soleil ne peut être effacé de la voûte du ciel ; et jusqu'à mon dernier jour, son souvenir continuera à me hanter comme un spectre hideux .

Mais je dois consacrer un chapitre séparé aux détails de cet événement sanglant. J'échapperais volontiers à la tâche de le décrire ; mais, bien sûr, si je l'omettais, ce récit serait incomplet. Par conséquent, le devoir non souhaité doit être accompli.

CHAPITRE III

Dans lequel se déroule une tragédie sanglante.

Je commençai à remarquer avec une inquiétude considérable que M. Romaine regardait furtivement sa femme avec des regards d'une haine intense et d'une férocité maligne ; puis il déplaçait son regard d'elle vers M. Anderson, qui était totalement inconscient de cet examen minutieux. Mon employeur était habituellement un homme très calme, mais je savais que ses passions étaient très violentes et que, une fois complètement excitées, il était capable de perpétrer presque n'importe quel acte de vengeance sauvage. Je commençais à craindre qu'il ne soupçonne l'intimité qui existait entre sa femme adultère et son amant. À propos, il vaudrait peut-être mieux remarquer que je n'avais jamais parlé ni à Anderson ni à Mme Romaine de l'intrigue entre M. Romaine et la veuve, Mme Raymond ; et il est à peine nécessaire de remarquer que j'ai été également discret en refusant à mon employeur et à sa « dame d'amour » toute connaissance de l'état des choses entre les autres parties.

J'ai fait part de mes craintes à M. Anderson, mais il s'est moqué d'elles en disant...

"C'est absurde, mon cher garçon, pourquoi Romaine devrait-elle soupçonner quelque chose de pareil ? Moi et Harriet (Mme Romaine) avons toujours été très discrets et prudents. Notre intimité a commencé il y a trois ou quatre ans ; et comme elle a duré aussi longtemps sans découverte, il est peu probable qu'elle soit détectée *maintenant* . Vous êtes bien sûr de n'avoir donné aucune idée de l'affaire à Romaine ?

"Me croyez-vous capable d'une trahison aussi basse ?" demandai-je d'un air offensé.

" Pardonnez-moi ", dit Anderson, " j'ai eu tort de douter de vous. Croyez-moi, vos craintes sont sans fondement ; cependant, je vous remercie pour votre prudence et je ferai désormais preuve de précautions supplémentaires, afin d'éviter toute possibilité de découverte. Ici " Il y a un billet pour l'opéra ce soir ; à votre retour, vers minuit, venez dans la chambre d'Harriet, et nous souperons tous les trois comme deux rois et une reine. "

Après m'être habillé avec un soin inhabituel, je suis allé à l'opéra. En écoutant les accords divins d'une célèbre *prima donna* , mon attention fut attirée par un groupe occupant l'une des loges les plus visibles. Ce groupe était composé d'un jeune apparemment de mon âge et de deux femmes voyantes dont les robes étaient si décolletées qu'elles révélaient bien plus de leur buste que ce que la décence ne pouvait autoriser, même parmi un public d'opéra. Il ne pouvait y avoir aucun doute sur le caractère de ces deux femmes. J'examinai avec attention leur jeune cavalier ; et j'ai bientôt reconnu mon ami et lanceur *quondum – JACK SLACK.* Jack était magnifiquement habillé et son apparence était vraiment superbe. L'exquis parisien le plus exigeant, le grand comte d'Orsay lui-même aurait pu lui envier la disposition de ses cheveux, la cravate de sa cravate, la propreté de ses enfants blancs. Il arborait une *lorgnette* scintillante ornée de bijoux , et la façon dont l'homme prenait des « airs français » devait être un avertissement pour le descendant le plus fier de l'aristocratie de la maison.

Au bout d'un moment, Jack m'a vu ; et, après m'avoir longuement regardé à travers sa lorgnette, il m'a fait signe de venir vers lui, en me désignant en même temps de manière significative une de ses « dames » de compagne, comme pour laisser entendre qu'elle était entièrement à ma disposition. . Mais je secouai la tête et ne bougeai pas, car je n'avais aucune envie de renouer avec ce jeune homme fascinant mais mystérieux. Peut-être avais-je le pressentiment qu'il était destiné à devenir, pour nous deux, la cause d'un grand malheur.

Jack avait l'air en colère et déçu par mon refus d'accepter son invitation hospitalière. Il dirigea l'attention de ses femmes vers moi, et je vis qu'elles essayaient de rire et de se moquer de moi ; mais cet effort fut un échec total, car il n'y avait personne dans la maison mieux habillé que moi. Après avoir honoré les envieux d'un sourire de mépris, qui, je me flattais, fut parfaitement réussi, je me tournai vers la scène et ne me permis pas de jeter un autre regard sur Jack ou ses amis pendant le reste de l'opéra. Je suis convaincu qu'à partir de cette heure, Jack Slack est devenu mon ennemi mortel.

A la fin des représentations, j'ai quitté la maison et j'ai vu Jack monter dans une calèche avec les deux courtisanes . Il m'observa et poussa un cri décisif auquel je ne prêtai aucune attention, mais je me précipitai chez moi, désireux de faire partie de la petite fête dans l'appartement de Mme Romaine, et tout prêt à partager les délices que, je savais, serait fourni.

À mon arrivée à la maison, je me rendis immédiatement dans la chambre privée de Mme Romaine, où je trouvai cette bonne dame en compagnie de M. Anderson. Nous nous sommes assis tous les trois pour souper dans la meilleure humeur possible. Hélas! comme nous n'avions pas prévu la terrible catastrophe qui allait bientôt suivre !

La partie la plus substantielle du banquet ayant été réglée, la coupe de vin mousseux circula librement, et nous devînmes très gais et joviaux. Libérés de ma présence et enivrés par le breuvage rosé du joyeux Bacchus, les amants se livraient à de nombreux petits actes de tendre badinage. Toujours soucieux de m'occuper de mes affaires, je m'appliquai assidûment à la bouteille, car le vin était excellent et les sardines m'avaient donné soif. Je venais d'allumer un cigare et je me résignais à l'influence luxueuse et délicieusement apaisante de l'herbe, lorsque la porte s'ouvrit violemment et que M. Romaine se précipita dans la chambre.

Son apparence était effrayante ! son visage était terriblement pâle et ses yeux brillaient des feux combinés de la jalousie et de la rage. Une excitation intense le faisait frémir de tous ses membres. Dans une main il tenait un pistolet et dans l'autre un couteau bowie du plus grand et du plus redoutable genre.

Il n'était que trop évident que mes craintes étaient fondées et que M. Romaine avait découvert l'intimité entre Anderson et sa femme.

Le lecteur conviendra avec moi que le « mari blessé » était également coupable en raison de son intrigue avec la jeune et belle veuve, Mme Raymond. — Combien de gens sont-ils enclins à perdre de vue leurs propres imperfections tout en censurant et en punissant sévèrement ? les fautes de ceux qui ne sont pas du tout plus coupables qu'eux-mêmes ! Le glouton porcin condamne l'ivrogne, le crapuleux séducteur réprimande le habitué des bordels, l'hypocrite archi-hypocrite prend à partie le pécheur déclaré et non déguisé, et le vieux réprouvé riche et avare, dont la richesse le place au-dessus de la possibilité de jamais tomber dans le besoin, qui préférerait « pendre l'innocent plutôt que de manger son mouton froid », et qui ne donnerait pas un sou à un pauvre diable pour l'empêcher de mourir de faim, ce vieux coquin peut-être, en sa qualité de magistrat, condamne en prison un malheureux que la faim a conduit au « crime » de voler une miche de pain ! Bah ! Mesdames et messieurs, ôtez les *rayons* de vos propres yeux avant de faire allusion aux *particules* dans l'optique de vos semblables. C'est *mon* conseil, gratuitement.

En voyant son mari entrer de cette manière furieuse et menaçante, Mme Romaine, prise de peur et de honte, car elle savait bien que sa culpabilité avait été détectée, tomba à terre, insensible. Anderson, confus et ne sachant que dire, restait immobile comme une statue, tandis que j'attendais, avec une anxiété presque tremblante, l'issue de cet état de choses des plus extraordinaires.

Romaine fut la première à rompre le silence, et il parla sur un ton de voix singulièrement calme compte tenu de son agitation physique.

« Eh bien, monsieur, » dit-il en s'adressant à Anderson, « vous vous amusez bien, buvant mon vin, dévorant mes provisions et faisant l'amour à ma femme dans sa propre chambre. Anderson, depuis quelque temps, je vous soupçonne. et Harriet d'être coupable d'intimité criminelle. J'ai remarqué vos signes secrets, et j'ai lu et interprété le langage de vos yeux, chaque fois que vous et elle avez échangé des regards en ma présence. Vous m'avez tous deux pris pour un imbécile faible, trop aveugle. et imbécile de détecter vos relations adultères ; mais je viens maintenant vous convaincre que je suis un homme capable de venger son honneur conjugal ruiné !

Anderson, retrouvant un certain degré de son sang-froid habituel, remarqua :

" Votre accusation, monsieur, est injuste. Votre femme et moi sommes amis, et rien de plus. Elle m'a invité à souper avec elle ici ce soir et c'est tout. Si nos intentions étaient criminelles, aurions-nous courtisé cette présence ? " d'un tiers ?"

A ces mots, Anderson me montra du doigt, mais Romaine, sans m'observer du tout, continua de s'adresser à l'amant de sa femme.

"Anderson, vous êtes un menteur, et les mensonges que vous avez proférés ne font qu'augmenter votre culpabilité et me confirment dans ma résolution de vous sacrifier, vous et cette femme coupable qui repose là-bas. Puis-je ne pas croire l'évidence de mes propres yeux ? Dois-je entrer dans les détails et dire qu'hier soir, vers cette heure, dans la cuisine, ha ! tu pâlis, tu trembles, ta culpabilité est avouée, je t'aurais tué hier soir, Anderson, mais je ne l'avais pas fait. les armes. Ce couteau et ce pistolet, j'ai acheté aujourd'hui, *et je les utiliserai* !

"Essayez de faire revivre cette *prostituée* , car je lui parlerais avant qu'elle ne meure !"

Anderson obéit machinalement. Plaçant la forme insensible de Mme Romaine sur un canapé, il lui aspergea le visage d'eau, et elle fut bientôt ramenée à un état de conscience. Pendant quelques instants, elle regarda autour d'elle avec effroi ; puis, quand ses yeux se posèrent sur son mari et qu'elle vit les armes terribles dont il était armé, elle se couvrit le visage de ses mains et trembla d'une agonie de terreur, car elle savait que sa vie était dans le plus grand danger possible. .

Romaine s'adressa alors à sa femme avec un ton de calme qui était, dans les circonstances, bien plus terrible que le plus violent accès de passion :

« Harriet, » dit-il, « je comprends maintenant parfaitement les raisons pour lesquelles vous demandez à occuper un appartement séparé. Vous désiriez avoir l'occasion de satisfaire vos penchants licencieux sans aucune retenue. Femme, pourquoi m'avez-vous utilisé ainsi ? Ai-je mérité cet infâme traitement ? Vous ai-je déjà traité avec méchanceté, ou vous ai-je dit un mot dur ? Pensez-vous que je porterai docilement les cornes que vous et votre amant avez plantées sur mon front ? fait un objet de mépris et me permets d'être pointé du doigt et ridiculisé par une communauté ricaneuse ?

« Pardonnez-moi, murmura la malheureuse épouse, je n'offenserai plus. J'avoue que j'ai commis un péché grave ; mais Dieu seul sait avec quelle sincérité je m'en repens !

- Votre repentir arrive trop tard, dit Romaine d'une voix rauque. Le ciel peut vous pardonner, mais *je* ne le ferai pas ! Vous dites que vous n'offenserez plus. Après avoir détruit à jamais mon bonheur, ma tranquillité et mon honneur, *vous le ferez. n'offensez plus* ! Vous n'en aurez pas l'occasion, misérable femme. Vous ne survivrez plus à votre infamie. Vous et le partenaire de votre culpabilité devez mourir !

A ces mots, Romaine arma son pistolet et s'approcha de sa femme, en disant d'un ton bas et sauvage qui témoignait du dessein désespéré de son cœur :

« Faites votre choix, madame ; préférez-vous mourir par *le plomb* ou par *l'acier* ?

La malheureuse femme se jeta à genoux en s'écriant :

" Pitié, mari, pitié ! Ne me tue pas, car je ne suis pas prêt à mourir ! "

" Vous m'appelez mari *maintenant* , vous qui avez si longtemps refusé de me recevoir pour mari. Venez, j'ai hâte de verser votre sang et celui de votre amante. Exhale une courte prière au Ciel, pour sa miséricorde et son pardon, et alors abandonnez votre corps à la mort et votre âme à l'éternité ! »

En disant ces mots, l'homme désespéré et à moitié fou leva très haut le couteau scintillant. La pauvre Mme Romaine poussa un cri et, avant qu'elle ait pu le répéter, le couteau descendit avec la rapidité de l'éclair et pénétra son cœur. Son sang jaillit sur sa robe blanche, et elle tomba aux pieds du meurtrier, cadavre sans vie !

Paralysé d'horreur, je ne pouvais ni bouger ni parler. Anderson se tenait également immobile, comme un oiseau soumis au regard fascinant d'un serpent. Malgré le terrible danger dans lequel il se trouvait, il semblait cloué sur place et incapable de faire un seul effort pour se sauver, soit par la résistance, soit par la fuite.

La scène était des plus extraordinaires, passionnantes et horribles. La chambre luxueuse, la lampe défaillante, le meurtrier tenant à la main le couteau sanglant, le condamné Anderson, dont l'âme tremblait au bord du terrible abîme de l'éternité ; tout cela se réunissait pour former un spectacle du caractère le plus étrange et le plus épouvantable.

Romaine leva alors son pistolet et visa délibérément Anderson en disant :

" Mon travail n'est qu'à moitié fait ; c'est *votre* tour maintenant ! Êtes-vous prêt ? "

« Ne me tirez pas comme un chien, implora le malheureux jeune homme qui, pour lui rendre justice, possédait beaucoup de courage, donnez-moi au moins *une* chance de vivre. Si je vous ai fait du tort, et Je l'avoue franchement, je suis prêt à vous donner la satisfaction d'un gentleman. Donnez-moi un pistolet, mettez-moi sur un pied d'égalité avec vous, et nous réglerons l'affaire comme il convient à des hommes d'honneur. sera témoin de l'affaire.

A cette proposition, Romaine répondit avec mépris :

" J'admire votre assurance, monsieur. — Après avoir séduit la femme, vous voulez avoir une chance de tirer sur le mari. Eh bien, comme je suis un homme accommodant, ce sera comme vous le dites, car j'en ai marre de la vie et je m'en fiche si je Je suis tué. Mais je n'ai pas d'autre pistolet. Attendez ! Supposons que nous *lancions* une pièce de monnaie et que nous décidions ainsi lequel d'entre nous aura le privilège de s'en servir. Voici un quart de dollar, je la lancerai ; en l'air, et quand il tombe sur le sol, si la *tête* est en haut, le pistolet est *à moi* ; mais si la *queue* est en haut, le pistolet sera *à vous* . Je vous préviens que si je gagne, je vous montrerai non. pitié ; et, si vous gagnez, je n'en attendrai aucune de votre part. Êtes-vous d'accord avec cela ? »

"Oui," répondit fermement Anderson, "et je vous remercie pour votre équité."

Romaine lança la pièce qui tourna dans les airs et atterrit sur le tapis. Comme il est étrange qu'il soit devenu du ressort de cette insignifiante pièce de monnaie de décider lequel de ces deux hommes devait mourir !

Romaine prit tranquillement la lampe tamisée sur la table et s'agenouilla sur le tapis dans une mare du sang de sa femme.

"Observez-moi attentivement et veillez à ce que je ne touche pas à la pièce", dit-il en se penchant avec impatience sur le quart de dollar décisif pour la vie.

Comme mon cœur battait à ce moment-là, et quelle a dû être la sensation du pauvre Anderson !

« *La tête est en haut, et j'ai gagné !* » dit Romaine d'une voix rauque : « venez voir par vous-même.

"Je suis satisfait, votre parole est suffisante", dit Anderson avec un frisson, en croisant les bras sur sa poitrine et en semblant s'abandonner à un profond désespoir.

Le visage pâle de Romaine prit une expression de joie sauvage, tandis qu'il levait le pistolet et le pointait sur la tête de sa victime, en disant :

— Alors, monsieur, il ne me reste plus qu'à profiter de la faveur que la fortune m'a conférée. Jeune homme, dans cinq secondes je tirerai !

"Prise!" s'écria Anderson, j'ai une faveur à vous demander, et je suis sûr que vous ne me refuserez pas de l'accorder. Avant de mourir, permettez-moi d'écrire quelques lettres et de prendre quelques notes sur la manière dont je souhaite que mes biens soient transférés. être éliminé. C'est la dernière demande d'un mourant.

"C'est entendu," dit Romaine, "il y a là, sur cet *écritoire* , de quoi écrire. Mais dépêchez-vous, car j'ai hâte d'en finir avec cette désagréable affaire." .

Anderson s'assit et commença à écrire rapidement. J'avais envie de me précipiter et de donner l'alarme, afin que la tragédie imminente puisse être évitée ; mais je craignais que tout mouvement de ma part puisse entraîner le passage d'une balle dans mon cerveau, et c'est pourquoi je suis resté silencieux, ce dont, j'en suis sûr, aucun lecteur sensé ne me le reprochera.

Pauvre Anderson ! des larmes jaillissaient de ses yeux et coulaient sur ses joues pendant qu'il écrivait une de ces lettres qui, comme je l'ai appris par la suite, était adressée à une jeune dame avec laquelle il était fiancé. Il écrivit deux lettres, les plia, les scella et les dirigea ; il me les remit en disant :

"Ayez la bonté de remettre ces lettres aux personnes auxquelles elles sont adressées. Promettez-vous fidèlement de le faire ?"

J'ai promis, bien sûr ; il m'a serré la main et m'a dit adieu ; puis, se tournant calmement vers Romaine, il lui annonça qu'il était prêt à mourir. Jusqu'à ce moment-là, j'avais essayé de me persuader que la vie d'Anderson serait épargnée, pensant que Romaine devait en avoir assez de sang après avoir tué sa femme de manière aussi barbare. Mais j'étais voué à être terriblement déçu. A peine Anderson avait-il murmuré ces mots : « Je suis prêt à mourir », que Romaine appuya sur la gâchette du pistolet levé, et le jeune marchand tomba mort sur le parquet, la balle lui ayant pénétré le cerveau.

"Maintenant, je suis satisfait, car j'ai eu ma revanche", dit froidement l'assassin en essuyant la sueur de son front pâle.

"Méchant assoiffé de sang !" m'écriai-je, incapable de retenir plus longtemps mon indignation, vous vous balancerez à la potence pour le travail de cette nuit !

"Non," répondit calmement Romaine, "car je n'ai pas l'intention de survivre à cette boucherie en masse, et je ne l'ai pas fait, dès le début. J'étais déterminé à ce qu'Anderson meure, en tout cas. *Il a gagné le pistolet* , pour la pièce. est tombé la queue en haut. S'il s'était penché pour l'examiner, je lui aurais quand même fait sauter la cervelle. Mais écoutez, les pensionnaires et les pensionnaires de la maison ont été réveillés par la détonation du pistolet, et ils se précipitent ici. . La potence, non, non, je dois éviter *ça* ! Ils ne me prendront pas vivant. Maintenant, que le ciel ait pitié de mon âme coupable !

A ces mots, le malheureux s'empara du couteau Bowie et se l'enfonça dans le cœur, ajoutant ainsi le crime de suicide aux deux meurtres atroces qu'il venait de commettre.

A peine ce point culminant de l'effroyable tragédie était-il atteint, qu'une foule de gens, à moitié habillés et excités, se précipita dans la salle. Parmi eux se trouvait la belle veuve, Mme Raymond. En voyant le cadavre sanglant de Romaine étendu sur le sol, elle poussa un cri perçant et tomba insensible.

Dans l'horreur et la confusion qui régnaient, je suis passé inaperçu. J'ai décidé de quitter la maison, de ne jamais revenir, car je redoutais d'être amené devant le public, comme témoin, étant un grand ennemi de la notoriété sous quelque forme que ce soit. (Le lecteur peut sourire à cette dernière remarque ; mais je lui assure que mes fréquentes apparitions devant le public en tant qu'écrivain ont été le résultat d'une nécessité et non d'une inclination.)

En conséquence, j'ai quitté la maison sans être remarqué et j'ai passé le reste de la nuit dans un hôtel. Mais le sommeil ne me vint pas, car mon esprit était trop profondément absorbé par les scènes sanglantes dont j'avais été témoin, pour souffrir l'approche du « doux restaurateur de la nature fatiguée ». Le matin, je me levai de bonne heure et examinai l'état de mes finances. Le résultat de cet examen fut très satisfaisant, car je trouvai que j'étais en possession d'une somme d'argent considérable.

J'ai marché dans la ville jusqu'à midi, ne sachant pas comment agir. J'éprouvais une forte disposition à voyager et à voir le monde ; mais je ne pouvais pas décider dans quelle direction aller. Après un somptueux dîner au « Terrapin Lunch » de Sandy Welch, l'un des *restaurants les plus célèbres* de l'époque, je me suis laissé aller à une promenade contemplative sur Broadway. De telles pensées me traversèrent l'esprit : « Je ne peux m'empêcher de comparer ma situation actuelle avec la situation dans laquelle j'étais il y a trois ans. A l'époque, j'étais presque sans le sou et je déjeunais volontiers avec du pain sec à une pompe de rue ; cent dollars en poche, et je viens de dîner comme un prince épicurien. Alors j'étais vêtu de vêtements grossiers et bon marché ; maintenant je suis habillé des plus beaux vêtements que l'argent puisse me procurer ; profession qui sera pour moi un moyen de subsistance infaillible. Mais, hélas ! alors j'étais relativement innocent, et ignorant des mauvaises voies du monde, maintenant, quoique âgé de seulement quinze ans, je suis trop au courant de tout ; mystères des folies et des vices de la ville. Peu importe : il n'y a rien de tel que l'expérience, après tout.

Me réconfortant de cette réflexion philosophique, je continuai ma promenade. Un vendeur de journaux arriva, criant à pleine voix : « Voici le *Sun supplémentaire* , avec un compte rendu complet des deux meurtres et du suicide dans la rue William la nuit dernière — seulement un centime ! Bien sûr, j'en ai acheté un exemplaire ; et, en parcourant le récit, je ne pus m'empêcher de sourire des exagérations ridicules et absurdes qu'il contenait. C'était une tragédie moderne parfaite d' *Othello* , avec Romaine comme Maure, Mme Romaine comme Desdémone et Anderson comme une sorte de croisement entre Iago et Michael Cassio. Il ne fut fait aucune allusion à moi, ce qui me fit extrêmement plaisir. [D]

Me rappelant soudain les deux lettres qui m'avaient été confiées par le malheureux Anderson, je résolus de les remettre immédiatement. L'une d'entre elles était adressée à un certain M. Sargent, rue Pine . Je trouvai bientôt l'endroit, qui était un grand établissement commercial. Au-dessus de la porte se trouvait l'enseigne « *Anderson & Sargent* ». C'était là que le pauvre Anderson travaillait et Sargent était son associé. J'entrai, trouvai M. Sargent dans la salle des comptes et lui remis la lettre. Il l'ouvrit, le lut froidement, haussa les épaules et dit :

" J'ai déjà été informé de tous les détails de cette mélancolique affaire. Anderson était un homme intelligent, et je suis désolé qu'il soit parti, même si sa mort favorisera certainement mes intérêts. Il me donne, dans cette lettre, toutes les informations nécessaires. instruction quant à la disposition de ses biens, et il m'ordonne également de vous présenter la somme de deux cents dollars, à la fois en reconnaissance de vos services et en gage de son amitié, je remplirai immédiatement un chèque pour ce montant. ".

Cet exemple de bonté et de générosité d'Anderson, presque au moment même de sa mort, m'a profondément touché ; et, en même temps, je ne pouvais m'empêcher d'être dégoûté par le manque de cœur affiché par Sargent, qui considérait la mort tragique de son partenaire simplement comme un événement calculé pour servir ses propres intérêts.

Ayant reçu le chèque, je me retirai de la présence auguste de M. Sargent, qui était un personnage grand, maigre, au nez crochu, d'aspect malsain et de manières brusques. J'ai retiré l'argent à la banque, puis je me suis empressé de remettre l'autre lettre, qui était adressée à Miss Grace Arlington, dont la résidence était désignée comme étant située sur l'une des places à la mode du centre-ville. Je n'eus aucune difficulté à trouver la maison, qui avait l'aspect le plus élégant et le plus aristocratique. Mon appel à la sonnette fut répondu par une domestique à l'air élégant qui, après avoir appris ma mission, me conduisit en présence de sa maîtresse. Miss Grace Arlington était une jeune femme très charmante et délicate, dont les yeux doux rayonnaient de tendresse et de sensibilité, dont la voix était aussi douce que la musique d'une harpe d'ange, tandis que sa démarche était aussi légère que le pas d'une fée dont les petits pieds pas écraser les feuilles d'une rose. Lorsque je lui ai remis la lettre et qu'elle a reconnu l' écriture bien connue , elle m'a accordé un sourire séduisant et reconnaissant que je n'oublierai jamais. Mon cœur s'est trompé en ouvrant la missive, car je pouvais bien en deviner le contenu ; et je me reprochais presque d'être le messager de si mauvaises nouvelles. Je l'ai observée attentivement pendant qu'elle lisait. Elle était naturellement un peu pâle, mais je vis son visage devenir horriblement blanc avant qu'elle ait lu deux lignes. Lorsqu'elle eut fini de lire la lettre fatale, elle posa la main sur sa poitrine, murmura : « Oh mon Dieu ! et je serais tombée par terre si je ne l'avais pas prise dans mes bras.

"Maudit soit ma bêtise !" Je murmurai, en plaçant sa forme insensible sur un canapé : « J'aurais dû la préparer peu à peu à la terrible annonce que je savais que cette lettre contenait !

Je sonnai furieusement, et à l'appel presque assourdissant répondirent une demi-douzaine de servantes qui, voyant l'état de leur jeune Maîtresse, déclenchèrent un grand concert de cris. Le tumulte a amené sur les lieux M. Arlington, le père de la jeune femme. C'était un beau vieux monsieur, un commerçant à la retraite et *millionnaire* . Je me suis empressé de lui expliquer tout ce qui s'était passé, et la lettre d'Anderson, qui gisait sur le sol, confirmait mes dires. M. Arlington fut frappé d'horreur, car lui et sa fille avaient jusqu'alors été dans l'heureuse ignorance de cette sanglante affaire. Le vieux monsieur avait été le premier à établir Anderson dans les affaires, et il avait toujours entretenu pour ce malheureux jeune homme la plus chaleureuse amitié. Il n'est donc pas étonnant qu'il ait été bouleversé lorsqu'il a pris conscience de la fin tragique de celui qu'il attendait si prochainement pour devenir son gendre.

On fit appeler un médecin célèbre, qui demeurait à côté. Il se trouvait chez lui et arriva presque instantanément. Il s'agenouilla près de la jeune fille au cœur brisé et, tandis que ses doigts touchaient son poignet, une expression de profonde douleur s'installa sur son visage bienveillant.

"Eh bien, docteur", s'écria M. Arlington à bout de souffle, "qu'est-ce qu'il y a avec mon enfant ? Elle se rétablira bientôt, n'est-ce pas ? Ce n'est qu'un évanouissement produit par la réception d'une mauvaise nouvelle."

"Hélas, monsieur!" » répondit le docteur d'un ton de profonde sympathie, en essuyant les larmes de ses yeux. « Autant vous dire tout de suite la triste vérité. Le choc soudain causé par la fâcheuse nouvelle dont vous parlez s'est avéré fatal ; ta fille est morte!"

Le pauvre vieux Arlington chancela jusqu'à un siège, se couvrit le visage de ses mains et gémit de douleur. Malgré toute sa richesse, comme je le plaignais !

Voyant que je ne pouvais être d'aucune utilité, j'ai quitté la maison de deuil et j'ai parcouru la ville d'un air très pensif. J'avais déjà commencé à vivre une expérience telle que peu de jeunes de quinze ans sont jamais appelés à vivre ; et je me demandais ce que l'avenir sombre et incertain me réservait.

Cependant, comme le lecteur le verra dans le chapitre suivant, je ne laissai pas longtemps envahir mon esprit par des réflexions mélancoliques.

NOTES DE BAS DE PAGE :

[D] Beaucoup de mes lecteurs new-yorkais se souviendront de la « tragédie de William Street », à laquelle j'ai fait allusion. L'événement sanglant a suscité l'émotion la plus intense au moment de son survenance. Ayant été témoin de cette horrible affaire, j'ai véritablement raconté tous les faits qui la concernent.

CHAPITRE IV

Dans lequel je partis en voyage et rencontrai un grand malheur.

Disposant de nombreux moyens, je résolus de profiter pleinement de mes capacités physiques et intellectuelles, car je me souvenais des paroles gracieuses du charmant poète qui chantait :

" Vas-y pendant que tu es jeune : Car quand on devient vieux, on ne peut plus !"

Me voilà, à quinze ans, tout à fait lancé dans toutes les dissipations d'une ville corrompue et licencieuse ! Ce n'est pas sans un sentiment de honte que je fais ces aveux ; mais la vérité m'y oblige. Je fus bientôt complètement initié à tous les mystères de la vie haute et basse à New York. Dans mes pérégrinations quotidiennes et nocturnes, je rencontrais fréquemment mon vieil ami Jack Slack ; nous ne nous parlions jamais, mais au contraire nous regardions avec des regards d'inimitié et de défi. De plus en plus fort en moi grandissait le pressentiment que ce mystérieux jeune homme était destiné à devenir mon mauvais génie et la cause d'un grand malheur. C'est pourquoi, chaque fois que je le rencontrais, je ne pouvais m'empêcher de frissonner d'effroi.

Trois ans s'écoulèrent ainsi, et j'avais atteint l'âge de dix-huit ans, avec une constitution intacte et la ferme conviction que j'étais destiné à exister pour toujours. J'avais vécu luxueusement grâce aux gains de ma plume, car j'étais un collaborateur régulier du Knickerbroker Magazine et d'autres périodiques populaires. Ayant accumulé une somme d'argent considérable, malgré mon extravagance, je résolus de faire une tournée dans le Sud, visitant Philadelphie, Washington et d'autres villes remarquables. Ainsi, un beau jour, je me trouvai installé dans un logement confortable, dans l'hôtel le plus chic de la « ville de l'amour fraternel ». Je suis devenu un habitué des théâtres et autres lieux de divertissement, et j'ai fait la connaissance de nombreux acteurs et lettrés. C'est ici que j'ai eu l'honneur d'être présenté à Booth, le grand tragédien, aujourd'hui mort ; à « Ned Forrest », le favori américain ; à « l'oncle » JR Scott, l'homme le plus remarquable qui ait jamais bu une caboche de bière ou mangé une « douzaine de crue », et au major Richardson, l'auteur de « Wacousta », et au « moine chevalier de Saint-Jean », le cette dernière étant l'une des œuvres les plus voluptueuses jamais écrites. Pauvre major ! ce fut une fin mélancolique. Il était autrefois major dans l'armée britannique et était un gentleman de naissance, d'éducation et de principes. Possédant une belle personne, un cœur généreux et des manières des plus séduisantes, il était l'un des favoris de ses associés. Il fut victime d'éditeurs rapaces et devint pauvre. Trop fier pour accepter le secours de ses amis, il se retira dans un logement obscur et s'efforça de subvenir à ses besoins par les productions de sa plume. Mais son esprit était brisé et son intellect écrasé par la basse ingratitude de ceux qui auraient dû être ses amis les plus chaleureux. Je lui ai souvent rendu visite dans sa mansarde, car il en occupait une ; et, une bouteille de whisky devant nous, nous avons condamné le monde comme étant plein d'égoïsme, d'ingratitude et de méchanceté. L'hiver arriva, et le major n'avait ni combustible, ni moyen de s'en procurer. Je l'ai fait appel à plusieurs reprises et je l'ai trouvé assis dans l'atmosphère extrêmement froide de son misérable appartement, enveloppé dans une couverture et occupé à écrire avec une main bleue et tremblante de froid. Il refusa fermement de recevoir de l'aide, sous quelque forme que ce soit, de ses amis ; et ils furent obligés d'assister à sa décadence progressive avec le cœur triste. Le vaillant major persistait toujours à nier avoir besoin de quoi que ce soit ; il jura que sa mansarde était l'endroit le plus confortable du monde et que l'introduction d'un feu eût été absurde ; il affirmait toujours avec un rond serment militaire qu'il « vivait comme un coq de combat » et qu'il ne manquait jamais de sa bouteille de vin au dîner ; pourtant, je l'ai rencontré un jour de manière plutôt inattendue et je l'ai trouvé en train de manger une croûte de pain et un hareng rouge. Parfois, mais rarement, il se produisait au théâtre et, dans de telles occasions, il était toujours scrupuleusement bien habillé, car le major Richardson n'apparaissait jamais à l'étranger autrement que comme un gentleman. Le besoin, la privation et la déception l'ont finalement vaincu ; il devint maigre, hagard, mélancolique, réservé et décourageait les visites de ses amis qui aimaient se rassembler dans son humble logement et profiter de ses splendides capacités de conversation, ou écouter ses souvenirs personnels et ses anecdotes racées de militaires. vie. Un matin, il fut retrouvé mort dans son lit ; et sa mort causa le chagrin le plus profond dans la poitrine de tous ceux qui le connaissaient comme il méritait d'être connu, et qui le respectaient pour ses nombreuses et excellentes qualités de tête et de cœur. Sa dépouille reçut une sépulture belle et appropriée ; et bien des larmes furent versées sur la tombe de celui qui avait été un vaillant soldat et un auteur célèbre, mais un homme vraiment lésé et très malheureux.

Le lecteur me pardonnera, j'en suis sûr, cette digression, car j'ai tenu à rendre justice à la mémoire d'un ami et d'un frère littéraire très apprécié. Je reprends maintenant le cours direct de mon récit, et j'arrive à la partie la plus sombre de ma carrière.

Un soir, dans une salle de billard, j'ai eu une rencontre très désagréable avec une vieille connaissance. J'observai, à l'une des tables, un jeune homme dont la physionomie me parut étrangement familière, même si je ne le reconnus pas immédiatement. Il était habillé à l'extrême et sa lèvre supérieure était assombrie par une moustache naissante, résultat sans doute de plusieurs mois de culture industrieuse. Il avait un cigare à la bouche et une queue de billard à la main ; et il ornait abondamment sa conversation des serments les plus extravagants. Dans l'ensemble, il semblait être un jeune homme très « rapide

» ; et j'ai troublé mon cerveau en essayant de me rappeler où je l'avais rencontré auparavant.

Soudain, il leva les yeux, et leur regard rencontra le mien ; puis je me suis demandé si je n'avais pas encore reconnu « mon vieil ami », Jack Slack !

« Ce type est mon mauvais génie ; il me suit partout », pensai-je en me tournant pour quitter le salon. Plût au ciel que je n'y sois jamais entré ! Mais les regrets sont désormais inutiles.

Jack m'a suivi et m'a retenu. J'ai immédiatement vu que des problèmes étaient sur le point de survenir.

« Greenhorn », dit Jack avec un air de reproche colérique, en posant sa main sur mon épaule, « pourquoi m'évitez-vous si continuellement ? Qu'ai-je jamais fait, au nom du diable, pour mériter ce traitement ? Ai-je déjà blessé quelqu'un ? vous, d'une manière ou d'une autre ? Bon sang, nous sommes égaux en âge et en disposition ; soyons amis, je peux vous mettre de manière, dans cette ville, à pratiquer le sport le plus élevé. Donnez-moi votre main, et soyons. va au bar et prends un verre en société.

« Jack, » dis-je sérieusement et très calmement, « je te serrerai la main en toute amitié, mais j'avoue franchement que je ne t'aime pas ; et je crois qu'il vaudrait mieux pour nous deux de ne pas nous associer du tout. .. Observez-moi ! Je n'ai aucune rancune contre vous ; vous êtes un garçon intelligent et généreux à l'excès, mais quelque chose me murmure que nous ne devons pas être compagnons, et c'est pourquoi je vous prie respectueusement de ne plus me parler ; . Bonne nuit." [E]

Je me tournai pour partir, mais Jack se plaça directement sur mon chemin et dit d'une voix rauque de passion :

" Restez et écoutez-moi. Nous ne devons pas nous séparer de cette façon. Pensez-vous que je me soumettrai docilement à être *coupé* d'une manière aussi honteuse ? Pensez-vous que je vais rester l'objet d'un préjugé infondé et ridicule ? Expliquez-moi. toi-même et excuse-toi, ou par Dieu, ce sera le pire pour toi!"

« Expliquez-moi, excusez-vous ! » Je répétai avec mépris : « Tu es un imbécile et tu ne sais pas à qui tu parles. Laisse-moi partir.

"Non!" " Cria passionnément mon antagoniste enragé, qui était quelque peu ivre - " vous devez rester et m'écouter. Chaque fois que je vous ai vu, j'ai résolu de vous rendre aussi mauvais que moi. C'est pourquoi je vous ai incité à boire et à visiter des lieux peu recommandables. Le froid mépris avec lequel vous m'avez toujours traité avait décuplé ma haine dont j'avais soif. vengeance, et *je vais te soigner* !"

« Faites de votre mieux, » dis-je avec mépris ; et de nouveau j'essayai de partir. Pendant ce temps, pendant la dispute, les habitués du saloon s'étaient rassemblés et semblaient grandement apprécier la scène.

« S'il vous a donné une raison de vous offenser, Jack, pourquoi ne vous lancez-vous pas dans sa conversation ? suggéra un type à moitié ivre qui avait la réputation enviable d'être un pickpocket des plus experts.

Jack a malheureusement adopté la suggestion et m'a frappé de toutes ses forces. Bien entendu, je rendis le coup, avec un effet très tolérable. Si la querelle avait commencé et s'était terminée par de simples *coups de poing*, tout aurait été bien, et je ne serais pas appelé maintenant à écrire les détails d'une tragédie sanglante.

Tirant un poignard de sa poitrine, Jack m'attaqua avec la plus grande fureur. J'ai alors fait ce que toute autre personne, dans ma situation, aurait fait : j'ai agi pour ma propre défense . La « légitime défense » est universellement reconnue comme la « première loi de la nature ». J'étais là, un étranger, sauvagement attaqué par un jeune homme armé d'une arme dangereuse, et entouré de ses amis et associés, un groupe désespéré, qui semblait disposé à aider à me démolir.

Je tirai vivement de ma poche un pistolet sans lequel, à cette époque, je ne voyageais jamais. Cependant, avant que je puisse l'armer et le niveler, mon ennemi furieux m'a lancé son couteau de poignard au visage et la pointe est entrée dans mon œil droit. Heureusement, l'arme n'a pas pénétré le cerveau et n'a pas provoqué ma mort instantanée.

Fou de l'horrible douleur que j'éprouvais, et me croyant mortellement blessé, je levai le pistolet et le déchargeai. Jack Slack est tombé au sol, cadavre, sa tête étant brisée en morceaux. *Je n'ai jamais regretté cet acte.*

Un cri d'horreur et de consternation jaillit des lèvres de toutes les personnes présentes, témoins de cet acte de représailles épouvantable mais justifiable.

"Messieurs", dis-je alors que le sang coulait sur mon visage, "je vous demande tous de témoigner que j'ai tué ce jeune homme en état de légitime défense . Il m'a poussé à commettre cet acte, et je n'ai pas pu l'éviter. Je suis disposé et désireux de respecter la décision d'un jury composé de mes compatriotes ; par conséquent, faites venir un officier et je me rendrai volontairement sous sa garde. "

A peine avais-je prononcé ces paroles, que le tourment atroce que j'endurais me fit m'évanouir. Une fois rétabli, je me suis retrouvé dans une cellule de prison, avec un bandage sur mes optiques endommagées et un médecin prenant mon pouls.

"Ah!" dis-je en regardant autour de moi, je suis dans *les limbes* , je vois. Eh bien, je ne crains pas le résultat. Mais, docteur, suis-je grièvement blessé, est-ce que je risque de casser la sienne ?

"Pas du tout", fut la réponse encourageante du médecin, "mais vous avez perdu la vue de votre œil."

"Oh, c'est *tout* ?" dis-je en riant, eh bien, je crois qu'il est dit quelque part dans la Bible qu'il vaut mieux entrer dans le royaume des cieux avec un œil que d'aller au diable avec deux yeux.

Le médecin est parti pour sa maison et moi pour le pays des rêves. La douleur de ma blessure s'était considérablement atténuée et j'ai dormi assez confortablement.

J'ai toujours été un peu philosophe dans la manière d'endurer les maux de la vie, et j'ai essayé de me réconcilier avec mon malheur et ma situation avec le plus de bonne grâce possible. J'y réussis bien mieux qu'on aurait pu l'espérer. Lorsqu'une personne perd un œil et est en même temps emprisonnée pour avoir tué un autre individu, il est certes naturel que ce malheureux cède au désespoir ; mais, voyant l'inutilité du chagrin, je résolus de « faire face à la musique » avec tout le courage dont j'étais possédé.

Deux ou trois jours s'écoulèrent, et je me rétablis presque, car, pour me servir d'une expression vulgaire, j'avais la constitution d'un cheval. Les journaux qu'il m'était permis d'envoyer et d'acheter m'ont fait connaître une chose qui m'a assez surpris, car ils m'ont communiqué l'information que Jack Slack, le jeune gentleman à qui j'avais présenté un billet d'entrée pour l'autre monde, était une personne dont *le vrai* nom était John Shaffer, *alias* Slippery Jack, *alias* Jack Slack. Son métier était celui de pickpocket, métier dans lequel il avait toujours été singulièrement expert. Il était bien connu de la police et avait été fréquemment emprisonné. J'ai été heureux de voir que les journaux m'ont tous justifié dans ce que j'avais fait et ont prédit ma libération honorable. Cette prédiction s'est avérée exacte ; car, après avoir été détenu une semaine, le grand jury n'a pas réussi à présenter un acte d'accusation contre moi, et j'ai par conséquent été mis en liberté.

Fatigué de Philadelphie, je suis allé à Washington. Un membre du Congrès de New York, que je connaissais bien, s'est porté volontaire pour me montrer les « lions » ; et j'ai eu l'honneur d'être présenté personnellement à M. Van Buren et à d'autres personnalités officielles distinguées. Certains seraient surpris s'ils le faisaient, mais ils connaissent la splendide dissipation qui prévaut parmi les « dignitaires de la nation » à Washington.

J'ai vu plus d'un membre du Sénat des États-Unis marcher dans les rues en titubant, et le lecteur n'aura aucune difficulté à juger de quelle cause. J'ai vu un grand homme d'État, décédé depuis, transporté d'une table d'après-dîner jusqu'à sa chambre. J'ai vu l'honorable secrétaire d'un des départements nationaux se livrer à une bagarre dans une maison close. J'ai vu des représentants se battre dans un bar comme autant de voyous, et je les ai entendus utiliser un langage qui déshonorerait un mendiant dans son verre. Je n'ai pas besoin de faire allusion aux nombreuses scènes scandaleuses qui se sont déroulées dans les conseils de la nation ; car les journaux leur ont déjà fait suffisamment de publicité.

En quittant Washington, je me dirigeai vers le Sud et, après de nombreuses aventures que les limites de cet ouvrage ne me permettent pas de décrire, j'arrivai dans la ville de la Nouvelle-Orléans. Je n'ai eu aucune difficulté à me procurer un poste lucratif de journaliste dans un quotidien populaire ; et j'avais accès gratuitement à tous les théâtres et autres lieux de divertissement. — Je ne restai à la Nouvelle-Orléans qu'un an ; mais, n'aimant pas le climat, et trouvant en outre que je vivais trop « *vite* » et que je n'accumulais pas d'argent, je résolus de « monter les enjeux » et de me diriger vers le nord. En conséquence, je suis retourné à Philadelphie.

Cela aurait été bien mieux pour moi si je restais à la Nouvelle-Orléans, car les temps les plus durs régnaient dans la « Quaker City », à mon arrivée là-bas. Il était presque impossible d'obtenir un emploi de quelque sorte que ce soit ; et de nombreux acteurs, auteurs et artistes, ainsi que des mécaniciens, étaient complètement « en difficulté ». J'épuisai bientôt le contenu de ma bourse ; et, comme le fils prodigue, « commença à être dans le besoin ».

Un beau jour, d'humeur très inconsolable, j'errais dans une rue obscure, lorsque je rencontrai une ancienne connaissance que, j'espère, le lecteur n'a pas oubliée.

Mais les détails de cette rencontre inattendue et les détails de ce qui s'est passé par la suite méritent un chapitre séparé.

NOTES DE BAS DE PAGE :

[F] Il est singulier, mais il est vrai, que quelques nuits avant les événements tragiques que je vais raconter, j'ai vu, dans un rêve, une préfiguration parfaite et exacte de toute cette mélancolique affaire ! Qui peut expliquer ce mystère ?

CHAPITRE V

J'ai rencontré une connaissance et, comme un ancien chevalier errant, je suis devenu le champion de la beauté.

Une voix musicale prononça mon nom ; et levant les yeux, j'aperçus une très belle femme assise à la fenêtre d'un assez humble immeuble de bois, dont le premier étage était occupé comme épicerie bon marché. J'ai immédiatement reconnu mon ancienne connaissance, Mme Raymond, la jolie veuve de la pension à la mode de William Street, à New York, celle qui avait entretenu une intrigue avec M. Romaine. J'ai, dans un chapitre précédent, décrit la terrible affaire dans laquelle Romaine tua sa femme et Anderson son amant, puis se suicida.

Inutile de dire que cette rencontre avec Mme Raymond, dans des circonstances aussi particulières, m'a plutôt étonné. Je l'avais connue comme une dame riche, aux goûts les plus élégants et les plus exigeants ; et pourtant je la trouvai ici vivant dans une partie obscure et peu recommandable de la ville, et occupant une maison dans laquelle seules les victimes de la pauvreté auraient jamais consenti à habiter.

"Attendez que je descende et vous conduise à l'escalier", dit Mme Raymond; et elle a disparu par la fenêtre.

Au bout de quelques instants, elle ouvrit la porte qui donnait sur la partie supérieure de la maison ; et m'ayant chaleureusement serré la main, elle me pria de la suivre. J'ai obéi et j'ai été conduit dans un appartement au deuxième étage.

"C'est ma chambre et la seule; n'en riez pas", dit Mme Raymond avec un sourire mélancolique.

J'ai regardé autour de moi. La chambre était petite mais scrupuleusement propre ; et, malgré la rareté et l'humilité du mobilier, un certain air de raffinement régnait. J'ai souvent remarqué qu'il est impossible à une personne habituée aux élégances de la vie de devenir si basse, en fortune ou en caractère, qu'elle perd entièrement toute trace de supériorité passée.

"Vous pouvez casser, vous pouvez ruiner le vase, si vous le voulez, Mais le parfum des roses s'accrochera toujours autour d'elle !"

L'appartement de Mme Raymond ne contenait qu'une belle table, deux ou trois chaises communes, un placard, un lit et une harpe, relique de jours meilleurs et plus heureux. Le sol sans moquette était presque aussi blanc que la neige – et aucune neige ne pouvait certainement être plus pure ou plus blanche que les drapés de son canapé sans prétention.

Nous nous sommes assis – moi et ma belle hôtesse – et avons entamé une conversation sérieuse. J'ai examiné la dame avec attention. Elle n'avait rien perdu de sa radieuse beauté d'antan, et je pensais qu'une nuance de mélancolie rehaussait plutôt ses charmes. Sa robe était grossière et simple, mais très soignée, comme tout le reste autour d'elle. Jamais auparavant, au cours de mon expérience assez étendue, je n'avais vu une femme plus intéressante et plus fascinante ; et je n'oublierai jamais ce jour-là, alors que nous étions assis ensemble dans sa petite chambre, avec la douce lumière du soleil d'un délicieux après-midi de mai entrant par les fenêtres.

"Cela me hante encore, même si j'ai fui pendant de nombreuses années, Comme une mélodie sauvage. »

"Mon cher ami," dit Mme Raymond, accompagnant ses paroles d'un regard de la plus profonde sympathie, "je vois que vous avez rencontré un grand malheur. Pardonnez-moi, si..."

« Vous saurez tout », dis-je ; puis je lui ai fait part de tout ce qui m'était arrivé depuis la tragédie de la rue William. Bien entendu, je n'ai pas omis de lui raconter tous les détails de ma fatale altercation avec Jack Slack, car cela expliquait le « grand malheur » auquel elle avait fait allusion. Quand j'eus fini ma narration, la dame soupira profondément et dit :

" Ah ! mon ami, nous avons tous deux été victimes d'un cruel malheur. Vous me voyez aujourd'hui sans le sou et sans ressources ; moi, autrefois si riche, courtisé et admiré. Avez-vous le temps et la patience d'écouter ma mélancolique histoire ? "

J'ai répondu avec empressement par l'affirmative ; et Mme Raymond parla ainsi :

« Après cette terrible affaire de William Street, dont le souvenir me glace encore le sang d'horreur, j'ai élu domicile dans une famille privée au bas de Broadway. Je fis bientôt la connaissance d'un gentleman de belle apparence et agréable. adresse, nommée Livingston, qui jouissait de la réputation enviable d'être une personne riche et un homme d'honneur, j'étais content de lui, et remarquant ma partialité, il me fit un violent amour. désireuse d'obtenir une protection et souhaitant devenir une épouse honorable au lieu d'une maîtresse, je ne l'ai pas rejeté, car il évoluait dans les cercles les plus élevés et semblait en tout point irréprochable. Je ne vous ennuierai pas avec les détails. de nos fréquentations ; il suffit de dire que nous étions mariés. Nous avons loué une maison élégante dans une des avenues du haut de la ville et, pendant un certain temps, tout s'est bien passé, après un certain temps, j'ai découvert que mon mari n'avait aucune fortune ; mais je l'aimais trop pour lui faire des reproches, et d'ailleurs il ne s'était jamais présenté à moi comme un homme riche ; c'était le cercle dans lequel il évoluait qui lui avait conféré cette réputation. Aussi, je considérais que ma fortune était suffisante pour nous deux. La découverte de sa pauvreté n'a donc en rien diminué mon estime pour lui. Il ne fallut pas longtemps avant que les demandes considérables qu'il ne cessait de faire sur ma bourse m'alarmèrent ; Je craignais qu'il n'ait pris l'habitude de jouer ; et j'osai lui faire des remontrances sur son extravagance. Il a avoué sa faute, m'a demandé pardon et a promis un amendement. Bien sûr, je lui ai pardonné ; car une épouse aimante peut tout pardonner à son mari, sauf *l'infidélité* . Mais il ne s'est *pas* réformé ; il continua sa carrière ruineuse ; et ma fortune fondait comme neige sous les rayons du soleil. Cet homme avait sur moi une influence si irrésistible, que je ne pouvais jamais refuser une demande d'argent de sa part. Je croyais qu'il m'aimait sincèrement, et cela me suffisait, je n'en demandais pas plus. J'entretenais des notions romantiques de « l'amour dans un chalet ».

«Enfin, ma fortune avait disparu, irrévocablement disparue . « N'importe, pensai-je, il me reste encore mon cher mari ; rien ne pourra jamais me l'enlever. Je partagerai la pauvreté avec lui et nous serons heureux. ensemble.' Nous avons abandonné notre splendide manoir, vendu nos magnifiques meubles et loué une maison petite mais respectable. Et maintenant, mon sang bout à raconter comment ce méchant Livingston m'a servi - car c'était un méchant, un méchant calme, réfléchi et au cœur noir. Il m'abandonna, emportant avec lui le peu d'argent et les quelques bijoux que je possédais encore, me laissant ainsi entièrement démuni. Mais ce qui ajoutait à mon affliction, je devrais plutôt dire à ma fureur exaspérante, c'était une note qui en était la base. Ce scélérat avait écrit et laissé derrière lui, dans lequel il demandait moqueusement de s'excuser de son absence, et déclarait qu'il avait d'autres femmes dont il devait s'occuper dans d'autres villes. « Je ne t'ai jamais aimé », écrivait-il dans cette infâme lettre, chaque mot. dont je suis gravé sur le cœur comme avec une plume de feu : « Je ne vous ai jamais aimé, et mon seul but en vous épousant était de jouir de votre fortune ; je n'ai plus besoin de vous. Cela peut vous consoler de savoir que le principal. Une partie des grosses sommes d'argent que vous me donniez de temps en temps était affectée, non pas comme vous l'imaginiez au paiement de dettes de jeu, mais à l'entretien de deux de mes voluptueuses maîtresses, que j'entretenais dans des établissements séparés et meublés. avec une splendeur presque royale. Ainsi avez-vous inconsciemment contribué à l'existence de deux rivaux, qui recevaient une plus grande part que vous de mes attentions . En conclusion, comme vous êtes désormais sans ressources, je vous conseille de vendre vos charmes au plus offrant. Il y a beaucoup de gentlemen riches et amoureux à New York, qui vous paieront généreusement pour vos sourires et vos baisers. Je ne serai pas jaloux de leurs attentions envers ma *sixième femme* ! J'ai l'intention d'en épouser six autres dans les six prochains mois. Bien à vous, LIVINGSTON. Ainsi écrivait le maudit, pour qui j'avais tout sacrifié : la fortune, la position dans le monde et les amis ; car qui, parmi mes connaissances à la mode, s'associerait avec une femme pauvre et abandonnée ? Pas une. Furieux de la manière dont Livingston me traitait, je résolus de le suivre, même jusqu'au bout du monde, afin de venger mes torts. Après une enquête minutieuse, j'appris qu'il était parti pour la partie occidentale de l'État de Pennsylvanie. Vous ne le croirez guère, mais c'est la vérité de Dieu, que n'ayant pas d'argent pour payer mes frais de voyage, je suis en fait parti *à pied* et j'ai traversé le New Jersey jusqu'à atteindre cette ville. J'ai subsisté sur la route en sollicitant l'hospitalité des agriculteurs, qui dans la plupart des cas m'était accordée à contrecœur et avec peu de moyens, car *la bienveillance* n'est pas une caractéristique marquante des habitants du New Jersey , [F] et d'ailleurs, il y avait certainement quelque chose d'assez suspect dans le voyage. idée d'une femme bien habillée voyageant à pied et seule. A mon arrivée ici à Philadelphie, je me suis retrouvé épuisé et épuisé par le voyage fatigant que j'avais accompli. Après avoir fait appel à quelques aimables dames quakers dont j'avais souvent entendu parler de la bonté, je leur racontai ma triste histoire, ce qui éveilla leurs plus chaleureuses sympathies. Ils m'ont placé dans cet appartement, ont payé un mois de loyer d'avance, m'ont acheté les meubles que vous voyez et m'ont obtenu un léger emploi. J'ai travaillé assidûment et presque joyeusement, mon but étant de gagner assez d'argent pour me transporter à Pittsburg, dans l'ouest de la Pennsylvanie, où, j'ai des raisons de croire, le méchant s'est installé.

"Dans mes moments de loisirs, j'avais envie d'un moyen de récréation ; car je ne voyais aucune compagnie et j'étais très seul. J'ai donc écrit à New York et, par l'intermédiaire d'un bon ami, je me suis fait envoyer ma harpe. ici, le reste de mes pauvres meubles étant présenté à cet ami. Alors le charme divin de la musique allège le fardeau de mes chagrins. Une circonstance me décourageait plutôt : je trouvai qu'avec la plus grande industrie je ne pouvais pas gagner plus que de quoi payer. mon loyer et autres dépenses nécessaires, bien que je vivais frugalement, presque de pain et d'eau, sauf le dimanche, où je parvenais à m'offrir une tasse de thé. Vous pouvez sourire de ces insignifiants détails, mon cher ami, mais je le mentionne. pour vous montrer les misères et les privations auxquelles les femmes pauvres sont souvent exposées. Ma logeuse, qui tient l'épicerie en bas, est une femme grossière, vulgaire et au cœur dur, et, quand j'ai été licenciée à cause de cela ; étant donné la dureté des temps, et ne pouvant payer son loyer, non seulement elle m'injuria terriblement, mais elle m'agaça en me faisant les suggestions les plus infâmes, en me proposant d'embrasser une vie de prostitution et en m'offrant de me procurer beaucoup de « patrons ». ' Bien sûr, j'ai repoussé avec indignation ces horribles propositions, mais le croiriez-vous ? Elle a en fait introduit dans mon appartement un vieux libertin aux cheveux gris et bien habillé, dans un but que vous pouvez facilement imaginer, cependant, le vieux méchant. , décampé lorsque j'ai montré un petit poignard, et j'ai déclaré que je me tuerais plutôt que de devenir sa victime. Cette conduite a encore irrité mon hôte contre moi, et je m'attends à chaque instant à être jeté dans la rue. que je pourrais réunir une petite somme d'argent grâce à la vente de ma harpe, qui est un instrument très supérieur, mais comme c'était un cadeau de mon premier mari, je ne peux supporter l'idée de m'en séparer, car il y a des associés qui y sont associés. quelques-uns des plus beaux souvenirs de ma vie. Je suis sûr que si ces aimables dames quakers avaient connu le caractère de cette maison et du quartier qui l'entoure, elles ne m'auraient pas placé ici, Dieu seul sait ce que j'ai souffert , et c'est encore le cas . Je vis dans la crainte constante qu'un voyou, incité par ma logeuse, qui souhaite satisfaire à la fois son avarice et sa méchanceté, ne fasse irruption sur moi lorsque je ne suis pas sur mes gardes et fasse de moi la victime d'un outrage brutal. Cette peur m'empêche de dormir la nuit et rend mes journées misérables. Et ce n'est pas tout ; Je n'ai pas goûté de nourriture depuis avant-hier."

"Bon dieu!" m'écriai-je, est-ce possible ? Oh ! maudites soient les circonstances qui nous ont rendus tous deux si malheureux ; et doublement maudit soit ce scélérat de Livingston, l'auteur de tous vos chagrins. Par le ciel ! Je le chercherai et je le punirai terriblement. pour sa conduite basse envers vous. Oui, ma chère Mme Raymond – c'est pour cela que je continuerai à vous appeler, malgré votre mariage avec ce monstre de Livingston – soyez assuré que vos torts seront vengés. – Le méchant regrettera le jour où il a fait du cœur d'une femme un jouet, lui a volé sa fortune, puis l'a abandonnée à la pauvreté et au désespoir ! »

[Mon langage peut paraître plutôt théâtral et romantique ; mais le lecteur voudra bien se rappeler que je n'avais que dix-neuf ans au moment où il a été prononcé, période de ma vie qui n'est pas remarquable par la sobriété du langage ou la discrétion de la conduite. Si cette entrevue avait lieu *aujourd'hui* , je devrais probablement m'exprimer ainsi : — « Ma chère Mme Raymond, je vous conseille d'oublier ce salopard de coquin et de mettre la bouilloire à thé, pendant que je me précipite dehors et négocie. pour de la *bouffe* !"]

Mme Raymond m'a serré la main avec reconnaissance et a dit :

— Je vous remercie d'avoir ainsi épousé ma cause ; — mais, mon cher ami, c'est *à moi* qu'incombe la tâche de punir le scélérat. Aucune autre main que *la mienne* ne portera le coup qui enverra son âme noire et polluée dans l'éternité !

Ces paroles féroces, prononcées avec la plus grande emphase, me firent regarder ma belle hôtesse avec un certain étonnement ; et ce n'était pas étonnant, car la dame calme et élégante avait été soudainement transformée en femme enragée et assoiffée de vengeance. Elle était superbement belle en ce moment ; ses joues brillaient, ses yeux brillaient et sa poitrine se soulevait comme les vagues d'une mer agitée.

"Eh bien," dis-je, "nous discuterons de cette question plus tard. Ayez la bonté d'excuser mon absence pendant quelques minutes. J'ai une petite course à faire."

Elle sourit, car elle connaissait la nature de ma mission. Je descendis les escaliers et remontai la rue, dans la plus grande perplexité ; car — permettez-moi de vous le murmurer à l'oreille, lecteur, je n'avais pas dans mes poches une quantité suffisante de pièces de monnaie courantes du royaume pour créer un tintement sur une pierre tombale.

« Que diable dois-je faire ? me disais-je, me voilà devenu le champion et le protecteur d'une dame affamée, et je n'ai pas assez d'argent pour acheter un hareng salé ! Dois-je *montrer* mon gilet de satin ? Non, bon sang, ça a gagné Je ne peux pas, car je *dois* sauver les apparences. Ne puis-je pas emprunter une bagatelle à certains de mes amis ? Non, maudits soient-ils, ils sont tous aussi pauvres que moi ! — Je vais tester ! bienveillance d'un *lutteur d'évangile* , et emprunte l'impudence du diable pour l'occasion.

Je me dirigeai rapidement vers un quartier plus chic de la ville, regardant attentivement chaque plaque de porte. Enfin, j'ai vu le nom : « *Révérend Phineas Porkley* ». [G] C'était suffisant. Sans un instant d'hésitation, je montai les marches et sonnai sauvagement. La porte fut ouverte par un gros vieux larbin au nez rouge d'un aspect inquiétant. Je me précipitai à côté de lui dans le hall, jetai imprudemment mon chapeau sur la table et criai :

"Où est frère Porkley ? Montrez-le-moi immédiatement ! N'osez pas dire qu'il est dehors, car je sais qu'il est à la maison ! C'est une question de vie ou de mort ! Une femme qui meurt, des enfants qui meurent de faim, et le diable qui paie en général. Réveillez les serpents. , gros marsouin, et conduis-moi chez ton maître !"

Le nez rouge du larbin pâlit d'étonnement et de peur ; pourtant il parvint à balbutier—

" " Sur ma vie, monsieur... vraiment, monsieur... M. Porkley , monsieur... il est à la maison, certainement, monsieur... dans sa bibliothèque, monsieur... en train d'écrire ses sermons du dimanche prochain, monsieur... je ne vois personne, monsieur... "

" Catiff , conduis-moi en sa présence ! " m'écriai-je d'une voix grave, à la manière du brigand mécontent qui veut « mubber » le faux duc dans ses propres salles ancestrales.

N'osant pas désobéir, le larbin tremblant me montra un escalier et me montra une porte que j'ouvris brusquement. Là, dans sa bibliothèque, était assis frère Porkley , un homme monstrueusement gros avec un visage pâle et huileux qui contenait à peu près autant d'expression que la surface d'un fromage.

Mais comment frère Porkley s'est-il occupé de lui lorsque j'ai fait irruption chez lui ? Était-il en train d'écrire un sermon ou de parcourir attentivement un bon ouvrage théologique ? Ni l'un ni l'autre. Oh, alors peut-être que cet excellent homme était en prière. Encore faux. Il fumait simplement une petite pipe et sirotait un verre d'eau-de-vie, en homme sensé ; car ne vaut-il pas mieux se consoler que de jouer le rôle d'un hypocrite ? *Je* pense que oui.

"Mon cher frère Porkley ", m'écriai-je en me précipitant et en saisissant le curé étonné par la main que je serrai avec une violence terrible, "je viens avec une mission de Charité et d'Amour ! Je viens comme un messager de Bienveillance ! Je viens comme une colombe de la paix avec le rameau d'olivier dans ma griffe ! Porkley , le plus grand philanthrope de l'époque, *descends* , car l'humanité souffrante a besoin de ton aide !"

"Que voulez-vous dire, monsieur?" demanda le révérend Falstaff, en s'efforçant vainement d'arracher sa main de mon étreinte affectueuse, "qui es-tu et que veux-tu ?"

"Frère," dis-je d'une voix brisée, tandis que je versais une larme imaginaire du bout de mon nez, "dans la rue voisine habite une famille pauvre mais pieuse, composée d'une veuve et de ses douze petits enfants. Ils vivent dans une cave, monsieur, à cent pieds sous la surface de la terre, au milieu de l'obscurité, de *l'* horreur et des grenouilles-taureaux, animaux qu'ils sont obligés de manger crus, pour exister . "

"Mais qu'est-ce que tout cela me fait ?"

« Beaucoup, monsieur, vous êtes un chrétien, un ecclésiastique, et un atout. Si vous n'aidez pas cette famille en détresse, votre réputation de bienveillance ne vaudra pas le premier centime. Ces enfants hurlent pour avoir de la nourriture — les grenouilles taureaux étant rare - et cette mère aimante est en train de mourir de la variole.

"Variole!"

"Oui *monsieur*! Je l'ai soignée pendant les cinq dernières nuits et j'ai peur d'être infecté par la maladie ; mais je suis prêt à perdre la vie pour la sainte cause de la charité."

me communiquerez la maladie ! Lâchez ma main, monsieur, et quittez cette maison avant de charger l'air de peste ! "

"Non, *monsieur*! Je ne pourrais pas songer à partir tant que vous n'aurez pas fait quelque chose pour soulager cette veuve en détresse et ses douze jeunes enfants."

"D...n la veuve en détresse et... bénis mon âme ! que dis-je ? Mon bon jeune homme, qu'est-ce qui te satisfera ?"

"Cinq dollars, révérend monsieur."

"Voici donc, voici l'argent. Maintenant, partez, allez vite. Chaque instant que vous restez ici est gros de mal. Je vous en prie, dépêchez-vous !"

"Mais ne viendras-tu pas prier avec la veuve en détresse et elle..."

"Non ! Si je le fais, puissé -je être... béni ! *Allez*- vous y aller ! "

"Je m'en vais, vieux Porkhead !"

Sur ces mots, je m'élançai hors de la bibliothèque, tombai sur un chat corpulent qui reposait tranquillement sur le palier, descendis les escaliers en deux bonds, renversai le gros larbin dans le couloir et gagnai la rue en toute sécurité avec mon butin - un cinq facture de ville en dollars. Je me précipitai vers la résidence de Mme Raymond, mais m'arrêtai en chemin dans un restaurant et me chargeai de provisions toutes cuites. Je n'ai pas oublié d'acheter deux bouteilles d'excellent vin. Ainsi pourvu, j'entrai dans l'appartement de Mme Raymond, qui me reçut avec un sourire de gratitude et de joie que je n'oublierai jamais.

Nous nous mimes à table avec un appétit vif, et rendîmes pleinement justice au repas, qui était vraiment excellent. Le vin nous remontait le moral et, oubliant nos malheurs, nous discutions joyeusement du bon vieux temps à New York, en omettant soigneusement la moindre allusion à l'affaire sanglante de William Street . Lorsque nous eûmes fini une bouteille, Mme Raymond me fit plaisir avec un air sur sa harpe, qu'elle joua avec une habileté exquise. Après avoir exécuté une brillante valse italienne, elle joua et chanta cette chanson plaintive :

"La lumière des autres jours s'est estompée, Et toute leur gloire est passée. »

Juste au moment où la chanson était terminée, on frappa fort à la porte.

"C'est ma logeuse", dit Mme Raymond à voix basse, "cachez-vous et vous verrez comment elle me traite."

Je suis entré dans le placard; mais à travers une fente de la porte, je pouvais voir tout ce qui se passait.

Une grosse femme d'aspect vulgaire entra d'un air conséquent, et son visage enflammé par la boisson lui donnait un air particulièrement repoussant. Bien sûr, elle était totalement inconsciente de ma présence dans la maison. Prenant place au milieu de l'appartement, elle posa les mains sur ses hanches et dit d'une voix rauque et colérique :

" Sors de ça ! *Tu es* jolie pour jouer et chanter, alors que tu me dois deux mois de loyer. Tu t'es régalé aussi, je vois. Où as-tu trouvé l'argent ? Pourquoi ne l'as-tu pas fait ? " Tu ne *me* le paies pas ? Il te reste de l'argent ?

"Non je n'ai pas."

" Sortez de ça ! Pourquoi diable ne vendez-vous pas votre bourdonnement , cette harpe, je veux dire, et ne faites-vous pas monter le vent ? Cela rapportera une bonne dizaine de dollars, je vous le jure. Et pourquoi ne le faites-vous pas ? " Ne suivez-vous pas mon conseil et gagnez-vous de l'argent comme le font les autres femmes ? Vous êtes beau, les hommes vous courraient après comme des fous, ce gentil et riche vieux monsieur, M. Letcher, que j'ai amené chez vous, vous aurait donné n'importe quelle somme. d'argent si seulement vous l'aviez traité avec gentillesse - mais vous l'avez effrayé. Sortez de là ! Maintenant, que comptez-vous faire ? Je vais chercher un autre gentil monsieur ici ; et si vous mettez fin à vos *crises de colère* avec *lui* , je vous emmènerai dans la rue ce soir même. »

"Si vous amenez quelqu'un ici pour m'agresser ", a déclaré Mme Raymond avec entrain, "je le poignarderai au cœur, puis je me suiciderai."

"Sortez de ça," cria l'hôtesse en s'approchant de Mme Raymond avec un regard menaçant, "ne pensez pas à m'effrayer avec vos airs tragiques . Il me faut mon argent, alors je vais prendre cette harpe et la vendre. ça, malgré toi!"

Elle s'empara de l'instrument et était sur le point de l'emporter, lorsque je me précipitai hors de ma cachette en m'écriant :

"Sortez de ça ! Lâchez cet instrument, vieux harridan, ou je *vous laisse tomber* ! N'imaginez pas que cette dame est totalement sans amis. Je suis là pour la protéger."

L'hôtesse stupéfaite posa la harpe et commença à marmonner de nombreuses excuses, car j'étais extrêmement bien habillé, et elle me croyait probablement pour une personne importante devenue le protecteur et le patron de Mme Raymond.

"Oh, monsieur… je suis sûr, monsieur… je ne voulais pas dire, monsieur… si j'avais su, monsieur… je vous demande mille pardons, monsieur…"

"Sortez de ça!" m'écriai-je, "quittez la pièce immédiatement."

L'hôtesse disparut avec une célérité assez remarquable, compte tenu de son extrême corpulence.

Après une courte pause, Mme Raymond m'a dit :

"Vous voyez à quels abus ma situation me soumet."

"Puisse Dieu que ma situation soit telle qu'elle puisse vous apporter l'assistance dont vous avez tant besoin ; si je pouvais vous sortir d'une misère si insupportable ! Mais pour parler sans équivoque, ma condition est aussi démunie que la vôtre."

"Alors vous pouvez effectivement sympathiser avec ma détresse."

— Très sincèrement ; mais vous ne devez pas partir seul à la recherche de ce méchant mari ; — et il faudra de l'argent.

"Cette harpe va—"

"Oh, non, tu ne pourras jamais t'en séparer."

"Je dois."

"Alors laissez-le faire, mais temporairement. Il y a un prêteur sur gages sur la place voisine, là nous pouvons le racheter - si vous pouvez supporter pendant un certain temps qu'il soit retiré de votre vue."

" Peu importe, " dit sans se laisser décourager mon héroïne, " une femme lésée peut tout endurer quand elle est en quête de vengeance. Le temps est délicieux ; nous voyagerons tranquillement et passerons un moment très agréable. Si notre argent venait à s'épuiser, nous solliciterons l'hospitalité des bons vieux fermiers de Pennsylvanie, qui sont réputés pour leur gentillesse envers les voyageurs , et qui ne refuseront pas une bouchée et un souper, ni une nuit d'abri, à deux pauvres vagabonds. Si vous refusez de m'accompagner, je. j'irai seul."

"J'irai avec toi jusqu'au bout du monde !" m'écriai-je avec enthousiasme, car je ne pouvais m'empêcher d'admirer le noble courage de cette belle femme, dont le splendide visage brillait maintenant de toute l'animation d'une vengeance attendue.

Elle me serra chaleureusement la main, en reconnaissance de mon dévouement ; puis, après avoir mis son bonnet et son châle, elle s'annonça comme prête à partir.

"Je n'ai aucun objet de valeur d'aucune sorte", dit-elle, "et l'hôtesse est la bienvenue dans ces meubles, ce qui acquittera ma dette envers elle. Je ne reviendrai plus dans cette maison."

Je portai la harpe sur mon épaule, et nous quittâmes la maison sans rencontrer l'aimable hôtesse.

Pour atteindre le prêteur sur gages le plus proche, il fallait traverser une des rues principales. À ma grande consternation, une foule d'acteurs, de journalistes et d'autres personnes étaient rassemblées sur les marches d'un hôtel. Les coquins m'ont repéré avant que je puisse traverser ; et ainsi, faisant semblant d'être aussi audacieux que possible, j'ai continué à marcher en faisant semblant de ne pas les remarquer, tandis qu'un « commentaire courant », quelque chose comme celui-ci, était maintenu jusqu'à ce que je sois hors de portée :

" *Stag his knibbs* ", [H] a dit "l'homme lourd" du théâtre de rue Arch.

"Thompson, donne-nous une mélodie !" » braillait un misérable misérable comédien léger, ou « gentleman ambulant ».

"Jem Baggs , le *ménestrel errant* , par G———!" » a crié un pitoyable démon d'un journaliste.

"Qui est cette magnifique femme qui l'accompagne ?" » demanda un élégant éditeur en levant son lorgnon et en examinant ma belle compagne d'un regard admiratif.

"Pardon ! c'est une beauté !" crièrent tous les camarades en chœur. Mme Raymond rougit et sourit. Il était évident que ces expressions d'admiration ne lui déplaisaient pas.

« Excusez ces messieurs, lui dis-je en m'excusant, ce sont tous de mes amis particuliers. »

"Je ne suis pas offensée; ils sont même très élogieux", répondit la dame avec un rire gai. Elle avait le rire le plus musical du monde et le plus beau à *regarder* , car il mettait en valeur ses belles dents nacrées avec le plus de charme.

Nous arrivâmes chez le prêteur sur gages et j'entrai hardiment tandis que Mme Raymond m'attendait devant la porte, car je ne voulais pas qu'elle soit exposée à la mortification d'être regardée par ceux qui pourraient se trouver dans la boutique.

Le prêteur sur gages était un gentleman de confession juive et possédait un nez semblable à celui d'un bec d'aigle. Il prit l'instrument et l'examina attentivement,

"La cuve est du plat ?" dit-il, "une harpe ? Oh, cela ne sert à rien. Nous avons des milliers de choses de ce genre qui nous sont proposées chaque jour. Il n'y a pas de sécurité dans les instruments de musique . Qu'en voulez-vous ?"

"Dix dollars", répondis-je d'un ton décidé.

"Je ne peux pas le donner", dit l'Israélite - "c'est trop moosh . Donnez-vous huit."

"Non", dis-je en reprenant la harpe et en me préparant à partir.

"Tiens, tanière," dit *mon oncle* , "je t'en donnerai dix, mais seulement pour *t'obliger* , fais attention à ça."

Je l'ai dûment remercié pour sa volonté de *m'obliger* . Oncle Moses m'a donné le billet et l'argent ; et je quittai la boutique et rejoignis Mme Raymond, à qui je remit le double et le X.

« Je prendrai le billet, dit-elle en souriant, mais tu garderas l'argent, car je te nomme mon caissier.

Sur la suggestion de ma belle amie, nous recherchâmes alors un magasin de friperies bon marché, qui, heureusement, était tenu par une femme qui, lorsque les choses lui furent expliquées confidentiellement, se joignit volontiers à notre projet. Mme Raymond et la femme se retirèrent dans un appartement arrière, pendant que je restais dans le magasin.

Une demi-heure ou trois quarts d'heure s'écoulèrent. Enfin, la porte de l'appartement intérieur s'ouvrit et entra dans la boutique un jeune homme que je ne reconnus pas tout de suite. Cette personne semblait être un très beau garçon, soigneusement vêtu d'une veste et d'une casquette en tissu, et possédant une forme de la plus exquise symétrie. Ce joli et intéressant garçon s'est approché de moi et, en me tapotant la joue d'un air espiègle, il m'a dit :

"Mon cher, que me trouves-tu maintenant ? N'ai-je pas fait un changement pour le mieux ? Comme je me sens royale dans cet étrange équipage !"

C'est bien sûr Mme Raymond qui s'est adressée à moi. Son déguisement était parfait ; jamais je n'avais vu une transformation aussi complète, même sur scène. Personne ne l'aurait soupçonné d'être autre que ce qu'elle semblait être un garçon singulièrement délicat et beau, apparemment âgé d'environ seize ans.

Je félicitai la dame de l'admirable apparence qu'elle faisait dans son costume nouvellement adopté, mais j'exprimai mon regret qu'elle ait été obligée de se séparer de ses magnifiques cheveux.

"Il n'y avait aucune aide pour cela", dit-elle en riant. " J'avoue que j'ai éprouvé quelques regrets en sentant mes cheveux tomber de mes épaules ; mais la perte était inévitable, car ces tresses auraient trahi mon sexe. Cette bonne femme, ici, s'est avérée être une barbière très experte. " Pensant qu'un costume grossier serait aussi bon et meilleur, pour une route poussiéreuse, qu'un bel costume de drap, je passai un marché avec la propriétaire du magasin pour échanger mes vêtements contre des vêtements grossiers en futaine, elle me donna une somme raisonnable pour contrebalancer la grande supériorité de ma garde-robe. Cet arrangement fut rapidement achevé, et je me trouvai soudain transformé en un individu d'apparence rustique, qui, en apparence, méritait certainement le titre de parfait « novice ».

Toutes les parties étant satisfaites, moi et ma belle compagne sommes partis. Le soir, après avoir soupé, nous allâmes au théâtre, où je me vengeai de « l'homme lourd » et du « comédien léger » qui, l'après-midi, s'étaient réjouis de mes dépens pour avoir porté la harpe, en me levant un siffler pour le premier monsieur, qui ne savait pas un seul mot de son rôle, et en frappant ce dernier individu sur le nez avec une pomme, pour lequel ce dernier exploit (car l'acteur était un grand favori), j'ai été chassé du théâtre , et a échappé de peu à être transporté au poste de garde. Ma belle amie et moi avons ensuite pris un logement pour la nuit dans un hôtel voisin.

NOTES DE BAS DE PAGE :

[F] Certains imaginent que le New Jersey appartient aux États-Unis. Cette opinion me semble erronée.

[G] Dans ce cas, comme dans plusieurs autres cas, j'ai utilisé un nom fictif, dans la mesure où un certain nombre de personnes évoquées dans ce récit sont encore en vie.

[H] Il n'est pas généralement connu des « étrangers » que les gens et les acteurs du cirque ont l'habitude d'utiliser entre eux une sorte de langage flash qui leur permet de converser sur des sujets professionnels et autres sans être compris des auditeurs extérieurs. Si j'avais de la place, je pourrais raconter bien des anecdotes amusantes à ce sujet. « *Cerf ses couteaux* » signifie « *Regardez-le* ».

CHAPITRE VI

Dans lequel est présenté un célèbre comédien du Theatre Royal, Drury Lane, Londres.

Le lendemain matin, de bonne heure, "on aurait pu voir deux voyageurs " traversant l'un des lourds ponts qui traversent le Schuylkill de Philadelphie à la rive opposée. L'un était un jeune et robuste cavalier, vêtu de futaine brune ; l'autre était un joli jeune homme, vêtu de drap bleu, avec un œil brillant et des cheveux noirs comme du charbon. Par ma foi, bons maîtres, une jeunesse plus belle n'a jamais touché à la guitare légère dans le boudoir de milady.

"Maintenant, par mon serment de chevalerie", dit- il en brun futaine, "mon âme se dilate dans la douce beauté de ce matin rose, mon sang danse joyeusement dans toutes les veines, et j'ai envie de manger un bon petit déjeuner tonitruant à la prochaine hôtellerie . — Que dis -tu *toi* , belle jeunesse ?

" En vérité, Sir George, " dit -il en drap bleu, d'une voix mélodieuse et liquide, " j'ai faim, et je m'assoirais volontiers devant un flacon de café et un bon plateau de jambon et d'œufs. "

"C'est courageux", dit le gros jeune cavalier avec l'eau à la bouche ; puis, retombé dans le silence, le train repartit.

Bientôt ils s'arrêtèrent devant une belle hôtellerie , qui portait sur son enseigne oscillante l'inscription « Le Cochon et les Snuffers ».

"Qu'est-ce que c'est, là-dedans ! Maison, maison, dis-je !" » rugit précipitamment le jeune homme en futaine, tandis qu'il appliquait vigoureusement sa botte de peau de vache à la porte de l'auberge.

En sortit mon hôte des Cochons et des Snuffers – un valet jovial et vraiment joyeux, je pense, avec une puissante panse et un nez rouge rubis. Maintenant, près du jubé ! Un chevalier plus drôle que ce même Rupert Harmon, n'a jamais tiré une chope mousseuse de bière brune, ni soufflé un nuage d'un court tuyau dans un coin de cheminée.

"Bienvenue, mes maîtres, un très bon accueil", dit le gros hôte des Cochons et des Snuffers.

" Bougez-vous, coquin, " dit l'anse en futaine brune, tandis qu'il entrait dans l'auberge, suivi du joli jeune homme en drap bleu, " engueulez -moi, j'ai diablement faim, et j'ai soif aussi. Coquin, un bénitier de sac, et puis que le jambon, les œufs et le café fument sur le plateau de fête ! »

"Entendre, c'est obéir", dit-il à propos des Cochons et des Snuffers, alors qu'il sortait de la pièce en se dandinant pour donner les instructions nécessaires pour le petit-déjeuner.

Il est venu! Ha, ah ! Dois-je essayer de décrire ce petit-déjeuner ? Non, mes pouvoirs sont insuffisants pour cette tâche.

Mais, abandonnant le style de mon ami GPR James, le grand romancier anglais, je continuerai mon récit à ma manière humble.

Nous déjeunâmes et partîmes gaiement pour notre voyage. Le temps était délicieux ; l'odeur des fleurs printanières parfumait l'air et la douce brise faisait de la musique parmi les branches des arbres. De chaque côté de nous se trouvaient les preuves de la prospérité agricole : de belles et spacieuses fermes, d'immenses granges, de vastes vergers et des myriades d'animaux domestiques prospères. De vieux fermiers hollandais robustes, courant tranquillement dans leurs grands chariots pour aller et revenir de la ville, nous saluèrent d'un chaleureux « bonjour » ; et un joyeux vieux bonhomme qui rentrait chez lui après avoir économisé une quantité de produits, insista pour nous faire « conduire » dans son chariot. Nous sommes donc entrés et, vers la nuit tombée, nous sommes arrivés à la maison du fermier, une demeure vaste et confortable qui indiquait que son propriétaire était un homme extrêmement riche.

J'ai été surpris des capacités d'endurance manifestées par ma belle amie, qui, après une journée de voyage assez dure, ne présentait pas le moindre symptôme de fatigue. Elle entretenait un flux d'entrain des plus exubérants et semblait ravie de la nouveauté du voyage que nous avions commencé. C'était vraiment une charmante compagne, pleine d'esprit, de sentiment et d'intelligence ; et je repense à ces jours avec un soupir de regret – pour un bonheur si pur que je ne reverrai plus jamais.

Le bon vieux fermier, avec son hospitalité caractéristique, déclara que nous n'irions pas plus loin cette nuit-là ; et nous avons volontiers profité de sa gentillesse. Il nous présenta à sa femme, une belle vieille dame et célèbre tricoteuse de bas, ainsi qu'à sa fille unique, une fille ronde et rose, âgée d'environ dix-huit ans. Cette demoiselle considérait mon compagnon déguisé avec un regard de la plus intense admiration ; et j'ai vu tout de suite qu'elle était réellement tombée amoureuse de Mme Raymond !

« Il y aura du plaisir ici, me disais-je, il faut que je reste dans l'obscurité et que je surveille les mouvements. L'idée d'une femme tombant amoureuse d'un homme de son sexe est assez riche !

Après un souper capital – eh bien, quelles saucisses allemandes ! – j'acceptai l'invitation du vieux fermier à inspecter sa grange, son bétail, etc. Ma belle amie fut reprise par l'amoureuse demoiselle hollandaise, qui semblait particulièrement soucieuse d'exhiber les beautés de sa *laiterie*, qui fait toujours la fierté d'une fille de fermier. Je ne pus m'empêcher de rire de l'air d'embarras comique que prit la pauvre Mme Raymond, lorsque la plantureuse jeune femme la saisit et l'entraîna.

J'ai bien entendu fait l'éloge de la grange et du bétail du fermier avec l'air d'un juge en pareille matière, et nous sommes retournés à la maison, où je me suis appliqué à divertir la vieille dame, et j'y suis si bien parvenu, qu'elle m'a présenté moi avec une jolie paire de bas de son propre tricot.

Au bout d'un moment, ma belle amie et la fille du fermier revinrent ; et je remarquai que Mme Raymond avait l'air extrêmement ennuyée et perplexe, tandis que le visage de la jeune fille hollandaise exprimait de la colère et de la déception. Je pouvais facilement deviner où en étaient les choses ; mais, bien sûr, je n'ai rien dit.

Dans la soirée, ma belle amie eut l'occasion de me parler en privé ; et elle me dit en rougissant profondément, bien qu'elle ne pût s'empêcher de sourire en parlant :

" J'ai quelque chose à vous dire qui est vraiment très gênant et ridicule, et pourtant vous ne pouvez pas imaginer à quel point cela me contrarie. Maintenant, ne vous moquez pas de moi de cette manière provocante, mais écoutez. Cette grande et stupide Hollandaise, après avoir montré sa laiterie, qui est vraiment une très jolie affaire et qui vaut la peine d'être vue, m'a soudainement fait l'amour le plus furieux - en supposant, bien sûr, que je sois ce que je parais, un garçon, j'étais terriblement confus et effrayé, et je ne savais pas. que dire, ni comment agir. En m'entourant de ses gros bras, elle déclara que j'étais si beau qu'elle ne pouvait pas me résister, et qu'il fallait que je devienne son amant. Je lui dis que j'étais trop jeune pour rien savoir. l'amour ; et puis la créature s'est portée volontaire pour m'apprendre tout cela. Puis j'ai laissé entendre que je ne pouvais pas penser à me marier pour le moment, car j'étais trop pauvre pour subvenir aux besoins d'une femme, mais elle a ri à l'idée du mariage et a dit qu'elle ; Je voulais seulement que je sois son petit amant. Finalement, j'effectuai ma libération en lui promettant de la rencontrer vers minuit, dans le verger près de la porte. Maintenant, n'est-ce pas très affreux d'être persécuté de cette manière par une grande Hollandaise implacable ? »

J'ai éclaté de rire. C'était grossier et peu galant, je l'avoue ; mais comment pourrais-je l'aider ? Mme Raymond fit un effort désespéré pour se mettre en colère ; mais toute cette affaire était si ridicule qu'elle ne put résister à l'influence contagieuse de ma gaieté ; et elle aussi a presque crié de rire.

Lorsque notre gaieté fut quelque peu calmée, je demandai :

"Eh bien, tu vas avoir rendez-vous avec la Néerlandaise Vénus ?"

"Quelle question absurde ! Bien sûr que non ! Elle peut attendre toute la nuit près de la porte du verger, peu importe , le grand imbécile lubrique !"

" Que diriez-vous de *me* rencontrer à l'heure et au lieu convenus ? J'agirai en tant que votre représentant et je lui donnerai toutes les explications satisfaisantes. "

"Vous ne ferez rien de tel. Comment osez-vous faire une telle proposition ? Je suis parfaitement étonné de votre impudence !"

Le lendemain matin, après le petit-déjeuner, nous nous préparons à partir. J'ai vu que la fille du fermier regardait ma belle amie d'un air féroce . La demoiselle avait probablement passé deux ou trois heures dans l'air de la nuit, à attendre son « fiancé infidèle ».

Après avoir remercié le bon vieux fermier pour son hospitalité et reçu sa bénédiction en retour, nous partîmes.

Je n'ai pas l'intention de fatiguer le lecteur avec les détails du voyage de chaque jour ; en effet, mon espace limité ne permettrait pas une telle particularité. Je raconterai cependant, aussi brièvement que possible, les incidents du voyage que je jugerai particulièrement dignes de mention. Lorsque nous atteignîmes Lancaster, nous découvrîmes que nos fonds étaient entièrement épuisés, car nous avions vécu chèrement dans les tavernes en chemin, au lieu de faire une économie judicieuse. La question était désormais de savoir comment réunir une nouvelle réserve de monnaie, et il était très difficile de répondre à celle-ci. Mais un coup de chance inattendu nous attendait. En me promenant dans le bar de l'hôtel principal, j'ai vu une affiche de théâtre accrochée au mur. Ceci, je l'ai lu avec avidité; et puis, à ma grande satisfaction, j'ai appris qu'un vieil ami, un certain Bill Pratt, acteur et manager itinérant, « venait d'arriver à Lancaster avec une compagnie de comédiens talentueux, qui auraient ce soir-là le honneur de comparaître devant les dames et messieurs du lieu susnommé dans une série de divertissements à la fois moraux, chastes, instructifs et classiques, à l'hôtel de ville - douze cents et demi.

Alors lisez l'affiche. Ma belle amie et moi nous sommes immédiatement postés à l'hôtel de ville, et là j'ai trouvé frère Pratt occupé à arranger sa scène, à monter ses décors, etc. Il était prodigieusement heureux de me voir. [JE] Parmi sa compagnie, j'ai reconnu plusieurs vieilles connaissances. Je présentai mon compagnon de voyage aux dames et messieurs du métier ; et je ne pense pas qu'aucun d'eux ait soupçonné son vrai sexe. Nous avons tous dîné ensemble à l'hôtel ; et nous étions certainement une joyeuse fête, « dans les limites de la gaieté ». L'esprit pétillait, les énigmes étaient perplexes, les mauvais jeux de mots étaient vérifiés et les plaisanteries riches réveillaient les échos rieurs de la vieille salle à manger. Les gens heureux sont ces acteurs ambulants, heureux parce qu'ils sont insouciants et, dans la jouissance d'aujourd'hui, ne pensent pas au lendemain. Ne sont-ils pas de vrais philosophes ?

"Oh, à quoi ça sert de soupirer, Puisque le temps passe vite— Demain nous mourrons, Alors joyeusement, joyeusement chante— Tra , la, la!"

Après avoir dîné en compagnie de frère Pratt, je m'assis sur la place ; et, pendant que nous fumions nos cheroots, nous nous souvenions du passé, nous nous attardions sur le présent et anticipions l'avenir.

Après de nombreuses conversations décousues, le Frère m'a soudainement demandé :

"Qui est ce beau petit garçon avec qui tu voyages ?"

"Oh, il s'est enfui de chez lui pour voir quelque chose du monde et pour éviter d'être apprenti dans un métier laborieux", fut ma réponse, car je ne jugeais pas du tout nécessaire de laisser mon ami entrer dans le secret. .

"C'est un garçon plein d'esprit et je l'aime bien", répondit le Frère. S'il montait sur scène, quel splendide page de cour il ferait ! Mais où vas-tu ? Raconte-moi tout ça.

J'ai dit au Frère tout ce qu'il fallait qu'il sache.

"Et ainsi," dit-il d'un ton réfléchi, "vous êtes complètement à court d'argent. C'est mauvais. Nous devons vous réunir de l'argent, d'une manière ou d'une autre. Je ferai immédiatement imprimer des factures, en annonçant que "le directeur a le pouvoir". plaisir d'informer ses nombreux clients qu'il a réussi, à grands frais, à conclure un bref engagement avec M. George Thompson, le célèbre comédien du Theatre Royal de Drury Lane, à Londres, qui fera sa première apparition dans son célèbre personnage de Robert Macaire , dans le grand drame de ce nom, qu'il a interprété plus de deux cents soirs devant un public bondé et à la mode, y compris la royauté, la noblesse et la noblesse d'Angleterre, qui l'ont accueilli avec les cris d'applaudissements les plus terribles et les plus enthousiastes, et son Majesté la Reine a été si ravie de cette représentation magistrale et brillante qu'elle a offert à M. Thompson une magnifique bague en diamant d'une valeur de cinq mille livres sterling, laquelle bague sera exposée au public à la fin de la représentation. Comment *ça* va, mon garçon ? Nous augmenterons le prix d'entrée à vingt-cinq cents à cause de l'attraction supplémentaire, je jouerai Jacques Strop, la maison sera pleine et vous partirez en vous réjouissant. avec une poche pleine."

« Dis donc, mon vieux, dis-je gravement, n'est-ce pas un *peu trop épais* ?

"Pas du tout", répondit froidement le frère en enlevant soigneusement les cendres du bout de son cigare, "pas du tout. La bêtise est à l'ordre du jour. Je vais me procurer une bague flashy pour représenter celle qui vous est présentée. par la reine. Vous savez assez bien les affaires de la scène pour jouer très respectablement le rôle de Robert Macaire et vous savez aussi que je ne suis pas très lent dans Jacques Strop. Vous ferez un succès, comptez sur moi. livre, et tu pourras parcourir la partie. Ce que tu n'apprends pas, tu peux t'étouffer. []_Je t'annoncerai pour demain soir. Laisse-moi tout arranger. !"

Je fus bientôt maître du rôle ; et, à la fin de la répétition du lendemain, il s'est avéré que j'étais « parfait lettre morte ». Le gérant et les membres de son entreprise m'ont félicité du succès que j'étais sûr de rencontrer. Pendant ce temps, la ville avait été inondée de factures, qui faisaient la même annonce extravagante que celle que frère Pratt m'avait suggérée. Les attentes et la curiosité du public étaient poussées au plus haut niveau ; et une foule de gens excités se rassemblait devant l'hôtel principal, dans l'attente de l'arrivée soudaine du « distingué comédien » dans un splendide carrosse tiré par quatre superbes chevaux blancs, et accompagné d'une suite de domestiques en livrée magnifique.

Le soir arriva, et la grande salle était bondée jusqu'à l'étouffement, bien que le prix des billets ait été doublé. J'étais plein de confiance, après m'être fortifié en buvant plusieurs verres de cognac et d'eau. Juste avant de monter sur scène, frère Pratt était, pour reprendre une expression courante, « plutôt au-delà de la baie ». Eh bien, pour faire une longue histoire aussi courte que possible, j'ai continué au moment opportun, suivi de Jacques Strop. Mon apparition a été accueillie par un véritable tourbillon d'applaudissements, qui a duré quatre ou cinq minutes. Enlevant mon castor délabré, j'inclinai gracieusement mes remerciements puis commençai la partie qui commence ainsi :

"Allez, camarade, mets ta meilleure jambe en avant. De quoi as-tu peur ? Nous sommes maintenant hors de danger et nous atteindrons bientôt la frontière."

Je peux dire sans égoïsme que j'ai remarquablement bien joué ce rôle et j'ai certainement tenu le public dans un éclat de rire continu. Mme Raymond occupait un siège avant ; et son sourire encourageant m'a soutenu tout au long de la pièce. Une fois la pièce terminée, on m'a appelé bruyamment.

« Maintenant, mon garçon, me dit frère Pratt, va devant le rideau et fais un discours déchirant, je sais que tu peux le faire. Dites qu'à la sollicitation urgente du directeur, vous avez consenti à comparaître. demain soir dans le rôle de Jem Baggs , dans The Wandering Minstrel.

"Très bien", dis-je, "mais ces gens voudront maintenant voir la bague que la reine Victoria m'a offerte. Comment dois-je y parvenir ?"

"Assez facile", répondit le Frère en sortant de sa poche et en me tendant une grosse bague de laiton ornée d'un morceau de verre commun de la taille d'un œuf de poule.

Je suis sorti devant le rideau. Un bouquet gros comme un chou me frappa au visage et tomba à mes pieds. La personne qui fit ce délicat compliment était une vieille femme vêtue d'une manière très jeune. J'ai ramassé le bouquet et je l'ai pressé contre mon cœur. C'était touchant, cela a fait pleurer le public. Le silence ayant été obtenu, j'ai prononcé un discours grandiloquent, que frère Pratt a ensuite déclaré être le meilleur qu'il ait jamais entendu prononcé devant le « tapis vert ». J'ai parlé d'être un étranger dans un pays étranger, de l'accueil chaleureux que j'ai reçu, de gratitude éternelle, d'avoir emporté avec moi au-delà de l'océan le souvenir de leur bonté, j'ai avoué que j'étais étroitement lié à l'aristocratie britannique, mais j'ai déclaré que mes sentiments étaient purement républicains et favorables à la « bannière étoilée ».

Ici, il y eut une tempête d'applaudissements et, lorsqu'elle fut calmée, l'orchestre, composé d'un violon et d'une grosse caisse, entonna l'air national favori que mes paroles avaient suggéré. Puis j'exposai la bague en diamant qui m'avait été offerte par la reine d'Angleterre ; et tandis que les spectateurs contemplaient le présent royal, le silence le plus profond régnait parmi eux. Quand je les ai suffisamment gratifiés en leur montrant le morceau de cuivre et de verre, je leur ai fait remarquer que j'apparaîtrais le lendemain soir dans le rôle de Jem Baggs dans le Wandering Minstrel. Cette annonce fut reçue avec des cris d'approbation ; et, m'inclinant presque devant les feux de la rampe, je me retirai.

Le soir suivant, le public était tout aussi nombreux et enthousiaste, et mon « discours d'adieu » fut si profondément touchant qu'il n'y avait pas un œil sec dans la maison.

Frère Pratt m'a exhorté à devenir un membre régulier de sa compagnie ; mais, bien qu'il m'offrit un bon salaire et me dépeignât avec enthousiasme la vie agréable d'un joueur ambulant, je refusai, n'ayant aucune ambition en ce sens. En outre, il était de mon devoir de me rendre à Pittsburg avec Mme Raymond, sans retard inutile.

Ayant reçu près de cinquante dollars comme part des bénéfices, j'ai pris congé de frère Pratt et de sa compagnie ; et, accompagné bien sûr de ma belle amie, je repris mon voyage.

J'aurais aimé avoir suffisamment de temps et d'espace pour décrire toutes les aventures que nous avons vécues avant notre arrivée à Pittsburg. Mais de tels détails prendraient trop de place, et je dois profiter au maximum des quelques pages qui me restent à occuper.

Nous traversâmes les Alleghanies et, prenant le canal à Johnstown, atteignîmes bientôt Pittsburg. Ici, nous avons apporté quelques améliorations essentielles à nos vêtements et nous sommes hébergés dans un hôtel respectable, Mme Raymond conservant toujours son caractère masculin.

Grâce à une enquête diligente, nous avons appris que le méchant, Livingston, se trouvait dans la ville ; et ma belle amie se préparait à venger les vils torts qu'il lui avait infligés.

NOTES DE BAS DE PAGE :

[E] Tous ceux qui ont la chance de connaître Bill Pratt, *alias* "The Original Beader ", reconnaîtront qu'il n'y a jamais eu d'homme plus spirituel, plus drôle ou meilleur.

[I] Ce mot, dans le langage théâtral, signifie « employer un langage que l'auteur de la pièce n'a jamais écrit ».

CHAPITRE VII

Un acte de sang et d'horreur.

Nous n'eûmes aucune difficulté à déterminer le lieu de résidence de Livingston ; car il était bien connu dans la ville. Il demeurait dans une belle maison située dans une des rues principales ; et nous avons découvert que ce vaurien sans foi ni loi était en réalité engagé dans la pratique de la loi !

« Mon cher ami, me dit un jour Mme Raymond, alors que nous nous promenions sur les rives de la rivière, je ne permettrai pas que vous vous mettiez dans des ennuis à cause de moi. Vous ne devez avoir rien à voir avec cela. Livingston. Vous devez rester entièrement en retrait. C'est à moi qu'appartient la tâche de le punir. Je vous le dis franchement, il n'est pas apte à vivre et il ne faut pas lui permettre de poursuivre sa carrière. Quel que soit mon sort, ne soyez pas malheureux à cause de moi. Quand j'aurai versé le sang de Livingston, je serai prêt à mourir sur l'échafaud jusqu'au dernier moment de ma vie. Je garderai pour vous le sentiment de la plus affectueuse gratitude ; vous avez sacrifié tous vos projets pour m'accompagner ici, et, pendant tout le long voyage, vous m'avez traité avec une bonté et une attention que je ne pourrai jamais atteindre. oublions tant que la vie reste. Mais trêve à la mélancolie ; changeons de sujet.

« De tout mon cœur », dis-je ; et quittant le bord de la rivière, nous montâmes vers le centre de la ville.

Nous dépassâmes une élégante maison d'habitation dont la porte était une assiette d'argent portant le nom de « Livingston ». C'était la résidence du méchant qui a ruiné Mme Raymond.

Une voiture arriva devant la porte, et de là sauta un homme grand et bel, habillé à la pointe de la mode. Il a aidé une belle dame élégamment vêtue à descendre du véhicule et l'a conduite dans la maison.

"Cet homme est Livingston, et cette femme doit être *l'une de ses femmes* ", dit Mme Raymond avec un sourire amer, en plaçant sa main dans sa poitrine, où, je le savais, elle portait un couteau de poignard.

« Mon amie, reprit-elle après une pause, laissez-moi ; autant accomplir ma sanglante tâche maintenant qu'à tout autre moment. J'inventerai un prétexte pour demander une entrevue avec Livingston, et alors, sans prononcer un mot, un seul mot, je le poignarderai au cœur. Adieu, oublie-moi et sois heureux !

« Restez, lui dis-je, vous ne devez pas me quitter ainsi. Laissez-moi vous persuader d'abandonner, au moins pour le moment, votre terrible dessein concernant Livingston. Vous êtes agité, excité ; attendez d'être calme et capable. de réflexions sobres.

Mme Raymond me regarda avec un air de colère, et dit avec passion :

" Et est-ce dans le but de me donner de tels conseils *que* vous m'avez accompagné de Philadelphie jusqu'à cette ville ? Vous saviez, pendant tout ce temps, le but de mon voyage, et pourtant maintenant, à la onzième heure, quand un excellent L'occasion se présente pour atteindre ce but, vous cherchez à me détourner de mon dessein. Me suis-je entièrement trompé sur votre caractère ? Êtes-vous vraiment aussi faible d'esprit et aussi dépourvu de courage et d'esprit que votre langage semble l'indiquer ? Quand ce jeune voyou vous a mutilé à Philadelphie, n'avez-vous pas considéré que vous aviez agi parfaitement bien ? Eh bien, ce Livingston a détruit le bonheur de ma vie et m'a transformée d'une dame riche en une mendiante sans le sou. mourir *?*
"

"Eh bien, oui", fut ma réponse à contrecœur, "mais alors cela semble trop terrible de s'adonner à cette horrible affaire délibérément et de sang-froid."

"Il a froidement et délibérément planifié et effectué la ruine de ma paix, de mon bonheur et de ma fortune", répondit Mme Raymond d'un ton de détermination ferme, "et il n'est donc que juste qu'il soit froidement et délibérément tué. Une fois de plus, adieu ; par tout ce qui est sacré, je jure que vous ne me détournerez pas de mon dessein. J'ai une grande estime pour vous ; mais, si vous cherchez à me retenir par la force, votre cœur connaîtra la pointe de mon couteau !

"Je n'ai aucune idée d'utiliser la force", dis-je avec reproche, "mais, si je *l'avais fait*, aucune menace telle que celle que vous venez de faire ne me dissuaderait. Allez, mon ami, allez, faites ce que vous voudrez. mais j'irai avec toi, car je jure que je ne te quitterai pas.

Cette annonce toucha profondément Mme Raymond, qui m'embrassa et me demanda pardon pour le langage qu'elle avait tenu.

" Pardonnez-moi, ma meilleure, ma seule amie, " dit-elle, " la loyauté et le dévouement que vous avez toujours manifestés envers moi auraient dû susciter des expressions différentes. " Si vous êtes *déterminé* à m'accompagner et à m'accompagner dans cette affaire, *suivez-moi . moi* ."

J'obéis, espérant pouvoir empêcher la perpétration de l'acte terrible qu'elle méditait.

Elle sonna à la porte qui fut ouverte par un domestique.

"Je souhaite voir votre maître immédiatement pour une affaire particulière", dit la femme déguisée.

« Quel nom, monsieur ? demanda le domestique.

"Cela n'a pas d'importance. Dites à M. Livingston que deux messieurs souhaitent le voir pour des affaires de la plus haute importance."

La servante disparut, mais revint bientôt en disant qu'elle nous conduirait chez son maître.

Nous l'avons suivie dans une bibliothèque joliment meublée, où M. Livingston était assis, feuilletant quelques lettres. Il nous regarda négligemment et dit :

"Eh bien, jeunes messieurs, que puis-je pour vous aujourd'hui ? Voulez-vous me consulter sur une question de droit ? Je suis entièrement à votre service."

Il était évident que le méchant ne reconnaissait pas la femme à qui il avait si bassement fait du tort.

Mme Raymond ne prononça pas un seul mot, mais, mettant la main dans son sein, elle s'approcha lentement de l'auteur de sa ruine, qui continuait toujours à parcourir ses lettres dans l'inconscience totale du terrible danger qui pesait sur lui.

J'observai Mme Raymond avec la plus grande attention, pleinement déterminée à bondir au moment critique et à empêcher la femme désespérée d'accomplir son dessein mortel.

C'était une scène profondément intéressante et passionnante, et que je n'oublierai jamais. Là était assise la victime désignée, dont l'âme planait sur l'horrible enceinte d'une éternité sans fin ; là se tenait la vengeresse de ses propres torts, sa main droite saisissant nerveusement la poignée de l'arme dans sa poitrine, son visage mortellement pâle et ses yeux brillant d'une excitation sauvage. Et j'étais là, tremblant d'agitation, prêt à bondir au moment opportun pour empêcher la consommation d'une tragédie sanglante.

M. Livingston leva soudain les yeux de ses lettres et sursauta lorsqu'il aperçut le visage pâle et courroucé de Mme Raymond, dont les yeux étaient fixés sur lui avec une expression de la haine la plus mortelle.

"Votre visage me semble très familier ; ne nous sommes-nous pas déjà rencontrés ?" » demanda Livingston.

"Oui", répondit calmement Mme Raymond, "nous nous *sommes* déjà rencontrés".

"Cette voix !" s'écria le méchant condamné, "je le sais sûrement. Qui es-tu et que me veux-tu ?"

"Je suis la victime de votre perfide méchanceté et je veux me venger !" » cria Mme Raymond, tandis que, avec la rapidité de l'éclair, et avant que je puisse l'en empêcher, elle dégaina son arme et la plongea dans le cœur de Livingston, qui tomba de sa chaise sur le sol et mourut sur le coup.

"Maintenant, je suis satisfaite", dit la femme en essuyant froidement le sang de la lame de son couteau.

Le langage ne peut pas décrire l'horreur que la contemplation de cet acte sanglant m'a provoquée. Il est vrai que j'ai moi-même tué un être humain, mais cela a été fait en état de légitime défense , et au milieu de toute la chaleur et l'excitation d'une lutte personnelle. *Cet* acte, au contraire, avait été commis froidement et délibérément ; et, bien que les torts de Mme Raymond fussent sans aucun doute très grands, je ne trouvais vraiment pas dans mon cœur la force de la justifier dans ce qu'elle avait fait.

Comme je me reprochais amèrement de n'avoir pas adopté quelque moyen efficace pour empêcher l'accomplissement de cet acte effroyable, même au risque d'encourir le sévère et éternel mécontentement de Mme Raymond ! Je me sentais en quelque sorte complice du crime ; et je craignais que la loi ne me considère, en tout cas, comme tel.

" On ne peut rien faire maintenant, " dis-je à Mme Raymond, qui se tenait calmement en train d'examiner le corps de sa victime. " Allons, quittons la maison et cherchons un refuge dans la fuite. Nous pouvons peut-être échapper aux conséquences de cet acte sanglant. " ".

"Non," dit la femme, " *je* ne bougerai pas d'un pouce. J'ai délivré le monde d'un monstre, et maintenant je suis prêt à recevoir ma récompense, même si ce sera l'échafaud. Mais va, mon ami, va, et assurez votre propre sécurité.

"Non, je ne te quitterai pas, même si je dois partager ton sort", fut ma réponse. C'était une décision très stupide, je l'admets ; car comment mon séjour avec elle pourrait- il lui faire du bien ? Je me mettais simplement dans une position extrêmement périlleuse. Mais j'ai pensé que c'était une erreur d'abandonner Mme Raymond en cette heure sombre et éprouvante ; et c'est pourquoi, comme elle refusait de s'échapper, je résolus de rester avec elle.

Quelqu'un ouvrit doucement la porte, et une voix féminine dit :

« Ma chérie, êtes-vous particulièrement fiancée ? Puis-je entrer ?

N'entendant aucune réponse, la belle oratrice entra avec un sourire sur ses lèvres roses. Cette dame était la nouvelle épouse de Livingston. Bien entendu, elle ignorait heureusement son véritable caractère et le fait qu'il était déjà mari de plusieurs femmes.

En nous voyant, elle parut surprise, car elle ne savait pas que son mari recevait de la visite. Soudain, ses yeux tombèrent sur le cadavre ensanglanté de Livingston, qui gisait sur le sol. En voyant cet horrible spectacle, elle poussa un cri perçant et tomba insensible.

Ce cri aigu et angoissant pénétra dans toutes les parties de la maison et amena tous les détenus à la bibliothèque pour voir ce qui s'était passé. L'horreur s'est emparée du groupe alors qu'ils contemplaient la scène horrible. Pendant quelques minutes, ce fut le silence le plus profond. Ceci fut finalement rompu par l'un des domestiques, qui demanda :

"Qui a fait ça ?"

"Je l'ai fait", répondit calmement Mme Raymond, "je suis seule coupable. Voici l'arme avec laquelle j'ai commis ce crime. Ce jeune homme ici est tout à fait innocent; il a essayé d'empêcher l'acte, mais j'ai été trop prompt. pour lui. Laissez-moi être transporté immédiatement en prison.

Les officiers qu'on avait appelés arrivèrent bientôt et nous mirent tous deux en garde à vue, malgré les protestations passionnées de Mme Raymond selon lesquelles je n'avais aucune part dans l'affaire.

"Cela doit être démontré à la satisfaction des autorités supérieures à la nôtre", a déclaré l'un des officiers. "En tout état de cause, il est de notre devoir d'obtenir ce jeune homme comme témoin. S'il est innocent, il pourra sans doute le prouver."

Une demi-heure après, j'étais détenu à la prison de Pittsburg, dans un appartement adjacent à celui occupé par Mme Raymond, dont le sexe réel restait encore inconnu.

CHAPITRE VIII

Une évasion et un triomphe.

Après quelques semaines d'incarcération, Mme Raymond, conformément à mes conseils, fit connaître le secret de son sexe au directeur de la prison, à qui elle fit également part des grands torts qu'elle avait subis de la part de Livingston. L'officier, qui était un homme bon et humain, a été profondément touché par ce récit. Il plaça immédiatement Mme Raymond dans une chambre plus confortable et lui fit fournir en abondance des vêtements féminins, qu'elle reprit maintenant. Son histoire, bien sûr, a été rapportée dans tous les journaux ; et cela excitait en elle la plus profonde sympathie. Un éditeur a affirmé avec audace qu'aucun jury ne pouvait être trouvé pour condamner la belle prisonnière dans ces circonstances. En ce qui concerne mon cas, l'opportunité de ma libération immédiate a été fortement insistée, opinion à laquelle je souscrivais pleinement.

Je m'attarderai sur ces questions aussi brièvement que possible. J'ai d'abord été traduit en justice, et le jury m'a acquitté sans quitter sa place ; Mme Raymond a simplement été reconnue coupable d'homicide involontaire au quatrième degré, tant la sympathie qui existait en sa faveur était grande, et le juge l'a condamnée à une peine de prison de deux ans. Bien que je la considérais particulièrement chanceuse de recevoir une punition si légère, je résolus d' effectuer sa libération d'une manière ou d'une autre.

Autant faire remarquer ici que la dernière épouse et victime de Livingston n'a jamais survécu au coup. Elle mourut bientôt d'un cœur brisé.

Ma première étape fut de me rendre à Harrisburg, la capitale de l'État, afin de solliciter la grâce de Mme Raymond auprès du gouverneur Porter, qui était réputé et fermement condamné par certains partis pour sa volonté constante d'accorder la clémence de l'exécutif aux prisonniers condamnés. des infractions les plus graves. [K] J'ai facilement obtenu une entrevue avec Son Excellence, que j'ai trouvé être un personnage très intelligent. Après avoir fait connaître ma mission et raconté tous les détails du cas de Mme Raymond, j'ai insisté sur ses demandes de grâce avec toute l'éloquence dont j'étais maître.

Le gouverneur m'écouta avec attention ; et, quand j'eus terminé, il dit :

" Mon inclination me pousse fortement à gracier cette très malheureuse dame ; mais j'ai récemment gracié tant de prisonniers condamnés, que la presse et le peuple en général m'en veulent, et je n'ose vraiment plus accorder de grâce à l'heure actuelle. Je le ferai, toutefois, commuer la peine de la dame de deux ans à un. »

De cette concession partielle, j'étais obligé de me contenter. Les documents nécessaires ont été établis et avec eux, je suis retourné à Pittsburg. Quand je suis entré dans la cellule de ma belle amie et que je lui ai dit ce que j'avais fait en sa faveur, elle a fondu en larmes de gratitude et de joie. Une longue année de réduction de sa peine était certainement quelque chose qui méritait d'être envisagé.

"Courage, mon ami!" dis-je, même si vous êtes obligé de purger le reste de votre peine, ce qui, j'espère, ne sera pas le cas, un an s'écoulera bientôt. Je ne quitterai pas Pittsburg tant que vous ne serez pas libre. Vous me verrez souvent ; et je veillerai à ce que vous soyez abondamment pourvu de tout ce qui peut contribuer à votre confort. Gardez bon cœur, vous avez au moins un ami qui ne vous abandonnera jamais.

Trois mois se sont écoulés, pendant lesquels j'ai gagné une excellente subsistance en écrivant pour divers journaux et magazines. Trois fois par semaine, j'avais un entretien avec Mme Raymond, à qui je faisais fournir tout le confort et le luxe permis par les règles de la prison. Il ne lui restait que neuf mois à purger, lorsqu'un jour, je fus inopinément en mesure d' effectuer sa libération de la manière suivante.

Je lui avais fait appel, comme d'habitude. Après un entretien d'environ une demi-heure, je lui ai dit adieu et j'ai quitté son appartement. Pour gagner la rue, il fallait passer par le bureau de la prison. Dans ce bureau étaient généralement assis trois ou quatre clés en main, dont l'un allait toujours verrouiller la porte de Mme Raymond après que je la quittais.

En entrant dans le bureau à l'occasion dont je parle maintenant, je n'y ai trouvé qu'un seul clé en main, et il *dormait profondément* . Je résolus aussitôt de profiter de la circonstance heureuse que la chance m'avait réservée.

Revenant en toute hâte à la cellule de Mme Raymond, je lui ai brièvement exposé la situation et lui ai demandé de me suivre. Elle obéit, comme on pouvait le supposer, sans trop de réticence. Nous avons traversé le bureau et sommes sortis dans la rue ; mais, avant de partir, j'ai transféré la clé de l'intérieur vers l'extérieur de la porte et j'ai enfermé le clé en main endormi, de sorte qu'il n'y ait aucune possibilité qu'il nous poursuive immédiatement, lorsqu'il se réveillerait et découvrirait la fuite de son prisonnier.

J'étais assez bien pourvu d'argent, et ma belle amie, sur mon conseil, acheta un élégant bonnet et un châle, car, on s'en souvient, elle avait repris les vêtements appropriés au sexe féminin. Quant à moi, j'étais extrêmement bien habillé, et aucune modification à mon costume n'était nécessaire pour présenter une apparence respectable.

Je n'avais aucune crainte sérieuse qu'un grand effort soit fait pour capturer la fugitive, elle n'ayant que neuf mois à purger, et étant donc une personne de peu d'importance lorsqu'on la considère comme une prisonnière. De plus, j'espérais que le directeur de la prison, au bon cœur, s'abstiendrait charitablement de faire des efforts extraordinaires à ce sujet. Mais ces considérations ne m'ont pas empêché de faire preuve d'une prudence raisonnable.

Nous quittions Pittsburg ce soir-là pour Philadelphie, où nous arrivâmes en temps voulu. J'ai immédiatement cherché et obtenu un emploi d'écrivain, avec un salaire libéral. Quelques jours après notre arrivée à Philadelphie, Mme Raymond me dit :

" Mon cher ami, je ne vais pas rester à charge pour vous. Écoutez le projet que j'ai à vous proposer. Je pense monter sur scène. "

"Quoi, et devenir actrice ?"

"Oui. Je me flatte que ma voix et ma taille sont toutes deux passables; et je crois vraiment que j'ai quelque talent pour le métier de théâtre. Une actrice respectable reçoit toujours un bon salaire. Si le projet rencontre votre approbation, je me placerai sous la direction d'un professeur compétent ; et mes *débuts* auront lieu dès que possible.

Je n'ai pas tenté de dissuader Mme Raymond de mettre à exécution ce plan, que je trouvais en effet être une très excellente idée. Une fois mise en scène avec succès, elle exercerait un métier qui serait pour elle un soutien indéfectible.

Selon mon jugement, elle possédait toutes les qualifications mentales et physiques nécessaires pour constituer une bonne actrice. Belle et vive, talentueuse et accomplie, possédant aussi le goût et les compétences les plus exquises en tant que chanteuse et musicienne, je ne voyais aucune raison pour qu'elle ne réussisse pas sur scène aussi bien et bien mieux que bien des femmes mille fois moins nombreuses. talentueux. C'est pourquoi, encouragée par mon approbation cordiale de son projet, et agissant conformément à ma recommandation, la belle aspirante aux honneurs dramatiques se plaça sous les instructions d'un acteur populaire et connu, pleinement capable de la tâche qu'il avait entreprise. .

Quelques mois s'écoulèrent, et ma belle amie s'annonça comme étant presque prête à faire sa première apparition. J'ai été ravi des progrès rapides et satisfaisants qu'elle avait réalisés. Les récitations dont elle me favorisait occasionnellement étaient prononcées dans le plus haut style de l'art élocutoire, et me convainquirent qu'elle était destinée à rencontrer le succès le plus illimité.

Elle proposa de faire ses *débuts* dans le rôle de *Béatrice* , dans la glorieuse comédie de Shakespeare, « Beaucoup de bruit pour rien », un personnage bien calculé pour montrer sa vivacité archaïque et sa vivacité charmante. Je la vis répéter le rôle et j'étais convaincu qu'elle *devait* remporter un brillant triomphe, opinion à laquelle partageaient pleinement son professeur satisfait, ainsi que le directeur et plusieurs des principaux acteurs et actrices du théâtre.

La soirée mouvementée arriva enfin, et la maison était bondée de toutes parts. M'asseyant dans une loge particulière en compagnie de l'acteur qui avait instruit Mme Raymond, j'attendais son apparition avec la plus grande confiance. Le rideau se leva et la pièce commença. Lorsque *Béatrice* est arrivée, une véritable tempête d'applaudissements l'a saluée. Son apparence, dans son costume de scène élégant et coûteux, était vraiment superbe. Parfaitement maître d'elle-même et intrépide devant la mer de visages étalés devant elle, elle continuait son rôle, et était fréquemment interrompue par des cris d'approbation assourdissants. Le *Benedict* du soir étant un très bon acteur, et le *Dogberry* étant un chien aussi drôle que jamais, il créait un large sourire ou un rire chaleureux : toute la comédie se passa de la manière la plus admirable ; et, à la fin, ma belle amie étant appelée à haute voix, elle fut conduite devant le rideau par *Benoît* . Une pluie de bouquets la saluait maintenant ; et, après avoir gracieusement reconnu la bonté de l'assistance, elle se retira.

Ce succès décisif amena le gérant à engager Mme Raymond à un salaire libéral. Elle est ensuite apparue avec le même succès dans une tournée des meilleurs personnages ; et la presse et toutes les langues devinrent éloquentes dans ses louanges. Elle était maintenant en bonne voie d'acquérir une fortune aussi grande que celle qu'elle avait perdue à cause de la scélératesse de Livingston.

La jugeant digne d'une position plus élevée que celle d'une simple actrice de base, je lui conseillai, après un séjour d'un an à Philadelphie, de voyager comme une *star* . Elle y consentit avec empressement, et en conséquence je l'accompagnai à New York, où elle fut immédiatement engagée par feu Thomas S. Hamblin, du Bowery Theatre. [L] Son succès dans cet établissement populaire était sans précédent dans les annales des triomphes dramatiques. Nuit après nuit, elle était accueillie par un public bondé, enthousiaste et ravi. Bref, elle est devenue l'une des actrices les plus célèbres de l'époque.

NOTES DE BAS DE PAGE :

[K] On raconte à propos du gouverneur Porter, pour illustrer ses propensions au pardon, qu'une fois, après l'expiration de son mandat, un gentleman s'est accidentellement heurté à lui dans la rue. "Je vous demande pardon", dit le monsieur. "Je ne peux pas l'accorder", a déclaré M. Porter, "car je ne suis plus gouverneur."

[L] Je n'ai pas, pour des raisons qu'on comprendra facilement, donné le nom que prit Mme Raymond, après son adoption de la profession dramatique.

CHAPITRE IX

Un accident – un suicide – et un changement de résidence.

Un terrible accident met fin brutalement à la brillante carrière professionnelle de Mme Raymond. Une nuit, alors qu'elle s'habillait dans sa chambre privée au théâtre, une lampe au camphène a explosé et son visage a été terriblement brûlé. Sa beauté a été détruite à jamais et sa carrière sur scène a pris fin. Ainsi le public fut-il privé d'une source de divertissement des plus délicieuses, et ainsi une actrice populaire fut-elle expulsée de la profession au moment même où elle avait atteint le sommet de la renommée et au moment où elle était en bonne voie d'acquérir une belle fortune.

Il me serait impossible de décrire la douleur, la consternation et l'horreur de la malheureuse dame, à cause de ce mélancolique accident. En vain j'ai tenté de la consoler, elle a refusé d'être réconfortée. Elle s'abandonna au désespoir ; et je l'ai fait surveiller de près et constamment, craignant qu'elle ne tente de se suicider.

Le public des théâtres trouva bientôt une nouvelle idole, et la pauvre Mme Raymond fut oubliée. Son visage était terriblement défiguré et il était très heureux que sa vue n'ait pas été détruite. Lorsqu'elle se sentit assez bien, elle s'efforça d'obtenir un poste de professeur de musique ; mais elle fut rejetée sans ménagement par toutes les personnes à qui elle s'adressait, à cause du caractère répugnant de son visage. Bien sûr, cela augmentait encore le sombre désespoir qui éclipsait son âme.

« Mon amie, me dit-elle un jour, je ne survivrai pas longtemps à ce terrible malheur. Mon cœur se brise, et la mort mettra bientôt fin à mes souffrances.

"Viens, viens," dis-je, "où est ta philosophie ? N'as-tu pas traversé des épreuves aussi grandes ? Tant qu'il y a de la vie, il y a de l'espoir ; et tu seras encore heureux."

J'ai prononcé ces expressions banales parce que je ne savais que dire d'autre. Mme Raymond répondit avec un sourire triste :

" Ah ! avec toute votre connaissance du monde, vous ne savez pas ce que ressent une femme lorsqu'elle est soudainement privée de sa beauté. L'avare qui perd sa richesse, la mère aimante à qui la mort arrache son enfant chéri ; ces endeuillés ne ressentez pas leurs pertes plus intensément qu'une femme autrefois charmante ne ressent la perte de ses charmes. Ne me parlez pas de philosophie, car un tel langage est une moquerie.

J'ai rendu visite très souvent à ma malheureuse et peu juste amie, mais toutes mes tentatives pour lui remonter le moral ont clairement échoué. Elle persistait à déclarer qu'elle ne tarderait pas à vivre dans ce monde ; et je commençai à le croire moi-même, car elle échoua rapidement. J'ai vu qu'elle disposait de tout le confort ; mais hélas! le bonheur était hors de sa portée pour toujours.

Un soir, je partis lui rendre visite. A mon arrivée à la maison dans laquelle elle avait pris appartement, la logeuse m'a informé qu'elle n'avait pas vu Mme Raymond de toute cette journée.

« C'est bien singulier, dit la femme, j'ai frappé cinq ou six fois à la porte de sa chambre, mais elle ne m'a pas répondu, quoique je sache qu'elle n'est pas sortie.

Ces paroles provoquèrent en moi un effroyable appréhension. Craignant que quelque chose de terrible ne se soit produit, je me précipitai dans les escaliers et frappai bruyamment à la porte de la chambre de Mme Raymond. Aucune réponse n'étant reçue, j'ai forcé la porte et mes pires craintes se sont réalisées, car là, sur le sol, gisait la forme sans vie de cette malheureuse femme. Elle s'était suicidée en prenant de l'arsenic.

Cet événement terrible m'a affligé plus profondément que tout autre événement de ma vie. Je m'étais attaché à Mme Raymond en raison d'une certaine convivialité d'humeur entre nous. Nous avions voyagé loin ensemble et partagé de grands dangers. C'était un autre lien qui nous unissait. Je l'admirais d'ailleurs pour son talent, et plus particulièrement pour sa résolution héroïque. C'était, dans l'ensemble, une femme des plus extraordinaires et, dans ces circonstances, il n'était pas étonnant que sa fin tragique ait provoqué en moi un sentiment de tristesse la plus profonde.

Après avoir suivi ses restes jusqu'à leur dernier lieu de repos, je fis quelque chose que j'étais très habitué à faire : je m'assis pour me livrer à une petite réflexion sérieuse, dont le résultat fut que je résolus d'aller à Boston, car New York avait ça m'ennuie. En outre, je savais que Boston était le grand entrepôt de la littérature américaine, « l'Athènes de l'Amérique », et je ne doutais pas de ma capacité à y acquérir à la fois gloire et argent.

Je me rendis donc à Boston. Le premier jour de mon arrivée, j'ai traversé jusqu'à Charlestown dans le but d'admirer le monument de Bunker Hill. Ayant satisfait ma curiosité, je me promenai dans une imprimerie, entamai une conversation avec le propriétaire, et le résultat fut que je me retrouvai engagé, avec un salaire modéré, à rédiger et à prendre entièrement en charge un hebdomadaire établi de longue date et à tirage limité. intitulé "Bunker Hill Aurora et Boston Mirror". Ce journal commença bientôt à gagner en réputation et en diffusion, car je le remplis de bons récits originaux et d'éditoriaux pleins d'entrain. Pourtant aucun crédit ne m'était accordé, car mon nom n'apparaissait jamais à propos de mes productions, et on s'imaginait que W ..., le propriétaire, était l'auteur des améliorations apportées.

"Egad!" disaient les abonnés de l' *Aurora* : « Le vieux W... s'est enfin réveillé. Son journal regorge désormais de lectures de premier ordre, alors qu'autrefois il ne valait pas la peine d'une chambre !

Combien d'exemples de ce genre ai-je vu, d'écrivains travaillant avec leur plume et leur cerveau pour le bénéfice et le crédit de misérables ingrats, sans intelligence, ni âme, ni honneur, ni humanité commune ! Charlestown est probablement l'endroit le plus méchant et le plus méprisable de tout l'univers – totalement impropre à être la demeure d'un homme qui se dit *blanc* . Les habitants appartiennent tous à la famille *Paul Pry* . Un étranger se présente parmi eux, et aussitôt des chuchotements inquisiteurs à son sujet commencent à flotter comme des plumes dans l'air. "Qui est-il ? Qu'est-il ? D'où vient-il ? Quelles sont ses affaires ? *A-t-il de l'argent ?* (Une grande importance est accordée à cette question.) Est-il marié ou célibataire ? Quelles sont ses habitudes ? Est-il un homme de tempérance ? Est-ce qu'il fume, est-ce qu'il boit, est-ce qu'il mâche ? Est-ce qu'il va aux réunions le dimanche ? À quelle confession religieuse appartient-il ? et à quelle heure se lève-t-il ? Je me demande ce qu'il a mangé aujourd'hui ? » etc., etc., etc.
Au cours de ma résidence à Charlestown, où j'ai vécu trois ans, j'ai fait la connaissance du célèbre éditeur et esprit spirituel, le caporal Streeter, qui était mon voisin d'à côté. J'habitais d'ailleurs dans une maison à l'ancienne située sur la rue Wood . Deux vieux poiriers agitaient tristement leurs branches devant la maison, et ils sont toujours là, à moins qu'une main spoliatrice ne les ait coupés, ce que Dieu nous préserve ! Si jamais je reviens dans cet endroit, je contemplerai avec respect la vieille maison, car j'y ai passé quelques-uns des jours les plus heureux de ma vie. L'édifice antique que j'ai baptisé "L'Ermitage". Les chats hurlants de ce quartier m'offraient une belle occasion de m'entraîner au pistolet.
Au bout de trois ans, j'ai eu un léger « malentendu » avec M. W..., le propriétaire de l'Aurora, l'un des hommes les plus prodigieusement méchants que j'aie jamais eu le malheur de rencontrer. Il méritait d'être propriétaire du seul journal de Charlestown, alias « Hogtown ». Après avoir poliment demandé à M. W... d'aller au diable dans les meilleurs délais, je l'ai quitté, lui et sa colonie, avec dégoût, et j'ai déménagé mes quartiers à Boston.

Ici, je me suis largement engagé dans des activités littéraires et j'ai commencé à écrire une série de romans. Ceux-ci ont été bien accueillis par le public, comme tous les Bostoniens s'en souviendront.

Dans mon prochain chapitre, je raconterai au lecteur comment un gentleman s'est retrouvé dans des difficultés.

CHAPITRE X

Six semaines dans la prison de Leverett Street.

Un acteur populaire qui était un de mes amis personnels [M] a fait ses adieux au Théâtre National. Sur son invitation, et juste avant la fin des représentations de la soirée, j'ai tenté de franchir la porte de la scène pour lui permettre de le voir dans sa loge, car il avait l'intention de souper avec moi et plusieurs amis. Un Irlandais à moitié ivre, attaché au département de scène à un titre subalterne, m'a arrêté et m'a insolemment ordonné de sortir. Bien sûr, je traitai le Grec avec le mépris qu'il méritait, sur quoi il appela à son aide un autre trotteur de tourbière envahi par la végétation, et tous deux m'attaquèrent aussitôt avec une grande fureur. Me trouvant en danger d'être traité assez brutalement, j'ai sorti un petit pistolet de poche et j'ai pointé sur leurs tibias, étant déterminé que l'un d'eux, au moins, devrait boitiller avec des béquilles pendant un court moment. Le capuchon du pistolet refusa cependant d'exploser, et les deux vagabonds me firent immédiatement arrêter, m'accusant de « coups et blessures avec intention de tuer ! J'ai été immédiatement hébergé dans un appartement privé dans la prison de Leverett Street, où je suis resté six semaines, période pendant laquelle je me suis assez bien amusé, bénéficiant de bons dîners, non pas de la prison, mais de l'extérieur, de bougies, de journaux, de livres, matériel d'écriture, etc. Pendant mon emprisonnement, j'ai écrit « The Gay Deceiver » et « Venus in Boston ». Mon voisin d'à côté n'était rien de moins que le Dr John W. Webster, qui fut ensuite exécuté pour le meurtre du Dr Parkman. Webster était un grand glouton et ne pensait qu'à son estomac, même jusqu'à l'heure même de sa mort. En raison de sa « position dans la société » (!), chaque gardien de prison devenait son serveur ; et un certain voleur , qui avait l'habitude de maltraiter les pauvres prisonniers de la manière la plus scandaleuse, flattait le docteur comme un chien affamé devant un boucher bienveillant.

Webster était très poli avec moi, m'envoyant fréquemment des livres et des journaux — des faveurs auxquelles je rendais souvent la pareille. Un jour, il m'a envoyé un pot de conserves, une boîte de sardines et une bouteille de vin. Ce dernier cadeau me plaisait beaucoup, les vins et liqueurs de toutes sortes étant un luxe interdit. Cette nuit-là, je suis devenu très heureux et jovial ; mais je n'ai pas quitté la maison.

Le Dr Webster était sûr d'être acquitté ; mais le résultat prouva à quel point il se trompait terriblement. Probablement, dans les annales de la jurisprudence pénale, on n'a jamais vu d'exemple plus frappant de justice égale et exacte que celui offert par le procès, la condamnation et l'exécution de John W. Webster. L'argent, les amis influents, les conseils avisés, les prières, les pétitions, le *prestige* d'une réputation scientifique ne parvinrent pas à le sauver du sort qu'il méritait aussi bien que s'il avait été l'individu le plus obscur qui existe.

Après six semaines d'emprisonnement, j'ai été traduit en justice devant le juge en chef Wells. J'ai été défendu par un avocat très supportable, à qui j'ai payé vingt-cinq dollars en échange de sa conversation de cinq minutes avec un jury composé de mes pairs, ledit jury étant composé de douze individus affamés qui voulaient sortir dîner. Après que mon conseiller juridique eut fait quelques remarques bien intentionnées, les jurés se retirèrent pour discuter entre eux ; et, après environ quinze minutes d'absence, ils revinrent et exprimèrent leur opinion que j'étais « non coupable ». Cette opinion m'a fait croire qu'ils étaient en effet des gens très sensés. Pas un instant je n'ai songé à exiger un nouveau procès ; cela eût été impertinent, comme douter de la sagacité du jury. Mes deux procureurs irlandais quittèrent la salle d'audience en colère ; et deux autres Grecs tombés, déçus et mortifiés, n'ont jamais été revus. Le juge a pris son départ, les spectateurs se sont dispersés, j'ai traversé la rue et j'ai dîné somptueusement chez Parker, avec un grand groupe d'amis. Un grand nombre de mes lecteurs de Boston se souviendront d'une longue série d'articles que j'ai écrit et publié à cette époque, dans les colonnes d'un des journaux, intitulés « Les mystères de la prison de Leverett Street ». Dans ces croquis, je décrivais les dispositions de la prison et de ses officiers, des « crises particulières » ; et la manière dont les camarades se tordaient sous les inflictions était un avertissement pour les petits tyrans en général. Les révélations surprenantes que j'ai faites ont suscité un grand émoi dans toute la communauté ; et j'ai de bonnes raisons de croire que ces expositions étaient le moyen de produire un état de choses bien meilleur à l'intérieur de la « cruche de pierre ».

J'ai ainsi, très brièvement, exposé l'étendue de mon expérience en référence à l'ancienne prison de Leverett Street. Des dames et des messieurs illégaux sont maintenant logés dans un élégant établissement de Cambridge Street , car l'ancienne prison a été rasée pour faire place à des « améliorations modernes ». Je l'ai visitée juste avant le début de sa destruction et j'ai regardé mon vieil appartement « plus dans le chagrin que dans la colère ». Il y avait mon nom et quelques vers que j'avais écrits sur le mur. Il y avait la table grossière sur laquelle j'avais écrit deux romans qui, par leur ton, semblent plutôt sortir d'un *boudoir doré* . Là aussi, dans la fenêtre grillagée, il y avait un petit pot de fleurs dans lequel j'avais cultivé une plante solitaire. Cette pauvre plante était fanée et morte depuis longtemps, car les prisonniers qui m'ont succédé n'avaient probablement aucun goût pour ces « déchets ». J'ai pris et conservé soigneusement les restes morts de mon floral préféré, « car, me disais-je, ils serviront à me rappeler un point sombre de mon existence ».

Et maintenant, avec la permission du lecteur, je vais aborder des sujets d'un caractère plus joyeux.

[M] Je fais allusion à MWG Jones, aujourd'hui décédé.

- 77 -

CHAPITRE XI

" *Les oncles et neveux.* "

Tirez le rideau ! De la place là-bas pour les joueurs de Boston. Qu'ils s'approchent de notre présence, non pas tels qu'ils apparaissent sur la scène, avec du rouge, des paillettes, des perruques, des mollets et du coton ; mais lorsqu'ils regardent en plein jour, ou dans le bar une fois la pièce terminée, vêtus de vêtements modernes, portant leur propre visage, prêtant leurs propres serments privés et buvant du vrai malt dans de l'étain honnête, à la place d'une atmosphère poussiéreuse imprégnée de gobelets en carton. Chambre, dis-je !

Il existe un lien intime entre la presse et la scène, c'est-à-dire une convivialité de caractère, d'habitude, de goût, de sentiment et de disposition, entre l'écrivain et l'acteur. La presse et la scène dépendent, dans une certaine mesure, l'une de l'autre. Le journal se tourne vers le théâtre pour trouver des articles légers, racés et lisibles, avec lesquels orner ses colonnes, comme des festons de fleurs gracieusement accrochés autour des colonnes de marbre. Le théâtre se tourne vers le journal pour obtenir des critiques impartiales et des avis élogieux. Montrez-moi une soirée conviviale d'acteurs, et je jurerais qu'il y a parmi eux au moins deux ou trois écrivains professionnels. Je connais de nombreux acteurs qui sont des imprimeurs pratiques, des gars capables de manier un bâton à composer aussi adroitement qu'une épée de combat. Longue vie et prospérité à tous, dis-je ; et bénissez-les pour une race d'hommes insouciants, heureux, épris de plaisir, détestant les factures et imbibant de bière. Amen.

Il y a un point de ressemblance entre le héros de la chaussette et du cothurne et le chevalier à la plume. Le premier habille sa personne et adopte le langage d'un autre, pour représenter un certain caractère ; celui-ci revêt ses idées d'un habit de mots approprié et met dans la bouche de ses personnages des sentiments qui ne sont pas toujours les siens. Mais je parlais des Boston Players.

En admettant que l'argument précédent soit exact, il n'est pas étonnant que j'aie fait une grande connaissance parmi les membres de la profession théâtrale. Mon nom figurait sur la liste des billets gratuits de tous les théâtres de la ville ; et chaque soir, je visitais une ou plusieurs maisons, non pas pour voir la pièce, mais pour causer dans les salons avec les acteurs et les lettrés qui, dans ces endroits, se rassemblaient le plus. Après la pièce, nous nous réunissions tous dans une taverne près du théâtre principal ; et la lumière du jour nous surprenait souvent au milieu de nos « dévotions ». Un curieux ensemble mélangé, nous devions en être sûrs ! Je vais essayer de rappeler les membres les plus éminents de notre club. Tout d'abord, il y avait Jim Prior, argumentatif et positif, qui pourrait à juste titre être considéré comme le président du club. Puis vint HW Fenno , Esq., le gentilhomme trésorier du National. Mais il tardait rarement après avoir « fait la fête ». L'excentrique « Old Spear » était généralement présent, assis dans un coin obscur, fumant un cigare solitaire. Le comique SD Johnson et son fils George, plein d'espoir, étaient généralement présents pour animer la scène ; tout comme Jim Ring, alias J. Henry, le meilleur artiste noir , après Daddy Rice, aux États-Unis. Chunkey Monroe, qui a fait les méchants au National ; et, au-dessus de lui, on pouvait voir son cousin, Long Monroe, qui jouait le rôle des vieux durs à cuire dans le même établissement. Ce brave garçon, Ned Sandford , ne doit pas être oublié ; Sam Lake non plus, le petit danseur intelligent. Rube Meer se trouvait invariablement en compagnie d'un pot de malt ; et il était généralement assisté de P. Jones, un personnage qui ne se permettait jamais d'être drôle avant d'avoir consommé quatre pintes. Charley Saunders, le comédien et dramaturge, auteur de « Rosina Meadows » et de nombreuses autres pièces populaires, a tenu la « table en ébullition », grâce à son esprit et aussi par ses jeux de mots atrocement mauvais. Bird, de notoriété "Pea-nut Palace", s'est adressé avec des accents nasillards à Bill Colwell, le mari de la jolie et accomplie Anna Cruise. Big Sam Johnson, un acteur costaud, un vaillant Hibernian et un homme splendide, a discuté de la vieille Jamaïque avec son ami et compagnon de choix, Sam Palmer, alias "Chucks". Le mystérieux Frank Whitman capture son frère-acteur au Musée, Jack Adams, et l'emprisonne dans un coin d'où il n'y a aucune issue, lui confie les secrets les plus terribles. Ned Wilkings , l'un des meilleurs journalistes de la ville, raconte la dernière « chose amusante » à John Young ; tandis que Joe Bradley, propriétaire du Mail, touche des lunettes avec Jim McKinney. Pendant ce temps, les deux serveurs, Handiboe et Abbott, circulent avec la plus grande activité, allant chercher les liqueurs et enlevant les verres sales, dont ils s'arrangent sournoisement pour en extraire de temps en temps quelques gouttes, pour leur rafraîchissement corporel. Comme exemple des « usages vils » auxquels le génie peut « enfin parvenir », je dirai que Handiboe , que nous trouvons maintenant dans une position si subalterne, était autrefois un personnage tout à fait littéraire ; tandis que le pauvre Abbott, à qui je jette maintenant quelques petites pièces de monnaie en guise de charité, était un graveur de caractères. Le reste du groupe est composé de Pete Cunningham, Sam Glenn, Bill Dimond , Jim Brand, Bill Donaldson, Dan Townsend, Jack Weaver, Cal Smith et d'une foule d'autres dont il serait difficile au diable lui-même de se souvenir.

Tel était le « Club des Oncles et Neveux », dont j'avais l'honneur d'être un membre éminent. Presque tous les hommes qui en faisaient partie étaient des esprits, des farceurs ou des humoristes de quelque sorte ; et j'oserais dire que si quelque individu industrieux avait pris la peine de conserver et de publier la moitié des bonnes choses qui ont été dites lors de nos réunions, on pourrait former un gros volume qui ne serait pas un spécimen méprisable de génie. Chaque fois qu'un membre avait l'audace de commettre un mauvais jeu de mots choquant, et de telles énormités étaient fréquentes, le contrevenant était condamné à subir une punition ridicule ; et la plus grande bonne humeur et l'hilarité prévalaient toujours.

Je vais maintenant raconter une aventure assez amusante à laquelle j'ai participé avec d'autres « oncles et neveux ».

Une nuit, nous étions rassemblés, comme d'habitude, à notre quartier général. Le 4 juillet devait « finir » le lendemain et nous avons décidé de nous amuser un peu. En conséquence, deux robustes messagers furent envoyés au théâtre, armés de l'autorité et des clés nécessaires, et ils revinrent bientôt chargés de robes de la garde-robe. Ces vêtements, le groupe commença à les assumer ; et nous fûmes rapidement transformés en une foule aussi pittoresque que celle qui ait jamais figuré à un bal masqué. Quant à moi, j'ai fait de Falstaff une représentation très-passable ; tandis que Richard, Othello, Macbeth, Hamlet, Shylock et d'autres messieurs de la création de Shakespeare donnaient de la variété à la procession. Ensuite, il y avait un clown en costume de cirque, accompagné d'Arlequin dans sa robe-forme scintillante. Nous aspirions tristement à une Columbine enjouée ; mais ensuite nous nous sommes consolés avec Pantaloon , admirablement rendu par P. Jones.

Notre « musique » consistait en une grosse caisse torturée par le clown ; une corne de poisson magnifiquement jouée par Sam Palmer ; une cloche de dîner dont le vacarme a été extrait par Jack Adams. Ayant formé le cortège sur le trottoir, la musique s'est mise en marche et nous avons marché.

Notre première halte fut au salon de Peter Brigham, au bout de Hanover Street . Nous y sommes entrés et notre extraordinaire apparition a suscité une grande excitation. Une foule se rassembla bientôt devant la porte, attirée par nos costumes grotesques ainsi que par le bruit infernal de nos instruments « de musique », sur lesquels nous continuions à jouer avec une vigueur intacte. Peter Brigham était angoissé et se précipitait dans le salon comme une mouche folle dans un tonneau de goudron. Les serveurs effrayés abandonnèrent leur poste et s'enfuirent. La foule à l'extérieur a applaudi bruyamment ; et Arlequin commença à embêter le pauvre Pantaloon avec sa latte dorée, au grand amusement des spectateurs.

Peter Brigham monta enfin sur une chaise et dit :

"Messieurs, m'entendez-vous ? (Grognement rauque de la grosse caisse.) Je ne peux pas supporter que ce bruit et ce vacarme continuent dans ma maison. (Explosion de défi de la corne de poisson.) Vous savez que j'ai toujours essayé de gardez une place décente et respectable. (Rires sarcastiques provenant de la cloche du dîner.) J'ai une proposition à vous faire. —

(Écoutez ! écoutez !) Si vous me promettez de quitter la maison tranquillement, je vous en ferai autant . du champagne à volonté." (Cri d'acceptation de la grosse caisse, de la corne de poisson et de la cloche du dîner ! Grande excitation en général.)

Le vin fut produit, et la facilité avec laquelle on en disposa fit regarder M. Brigham du regard. Il en supporta cependant la consommation avec le courage le plus philosophique, jusqu'à ce que nous commencions à porter des toasts, à faire des discours et à montrer d'autres indications d'une volonté de notre part de «attendre encore un moment». Pierre nous a alors rappelé notre promesse ; et, en tant que messieurs d'honneur, nous avons accompli la même chose en nous mettant immédiatement en procession et en sortant du salon. Nous sommes partis dans la rue Hanover , suivis par la foule admirative et huée. Nous entrâmes dans l'établissement de Theodore Johnson, et fûmes reçus avec hospitalité par le prince des bons gars, qui, assisté de Chris Anderson, « fit les honneurs » avec la plus grande libéralité. Sam Palmer et P. Jones, ici, ont favorisé la compagnie avec un combat à l'épée large ; après quoi, en tant que Falstaff, j'ai donné quelques récitations - les représentations se sont terminées avec Abbott dans le rôle de *Jocks* , le singe brésilien. Notre visite suivante fut à la Maison Pemberton, alors sous le contrôle d'Uriah W. Carr , un très petit homme, tant physiquement que moralement. Urie nous reçut très grossièrement et refusa péremptoirement de « descendre » avec l'hospitalité de la saison. Il m'en voulait particulièrement d'avoir écrit et publié des vers le concernant. Voici tout ce dont je me souviens de cette intéressante production :

"C'est comique, en effet c'est Le voir mélanger un punch— Il met deux gouttes d'alcool dedans, Et puis il regarde le *déjeuner* ; fait la vérité le plus pompeusement, Puis se tient devant le feu, Tout comme un petit coq bantam, Ce comique Urie ! »

Dans la mesure où Urie refusait d'amener le « buisson » par amour ou par argent, nous avons décidé de nous aider nous-mêmes. Par conséquent, chacun s'est nommé barman *pro tem* . Les vins, les liqueurs et les cigares furent distribués avec une célérité merveilleuse, et le pauvre petit Urie dansait et s'arrachait les cheveux dans l'agonie de son esprit. Pendant ce temps, un grand nombre d'acteurs et d'autres, pensionnaires au Pemberton, nous rejoignirent, introduits par Charles Dibden Pitt, un interprète d'une grande élégance et d'une grande puissance, puis jouant un brillant engagement de star - au Musée. Ce monsieur est décidément « l'un des garçons » et passe un « bon moment ». Sur sa suggestion, un comité fut nommé pour descendre à la cuisine et apporter des provisions. Ned Abbot et Bill Ball ont accompli ce devoir de la manière la plus admirable et la plus satisfaisante. Ils partirent pour les régions basses et revinrent bientôt chargés de provisions et de friandises. Alors, quel festin ! — ou plutôt quel banquet ! Le Champagne coulait à flots, car nous avions découvert un placard rempli de paniers de boisson mousseuse. Bien entendu, toute la compagnie fut bientôt dans un état d'élévation glorieuse. Les chants et les plaisanteries allaient sans cesse, et les éclats de rire joviaux se succédaient comme de joyeux lutins dans l'air de minuit. Nous étions d'excellente humeur pour adopter la prière de celui-ci qui dit :

"Oh, attardons-nous tard ce soir, Ne vous séparez pas tant que l'esprit et le chant sont brillants ; Et Josué, arrête le soleil, Pour que nous puissions être rassasiés de joie ! »

Un monsieur a refusé de participer aux festivités de l'occasion. C'était le petit Urie, le propriétaire, qui regardait le déroulement du banquet d'un air troublé ; pourtant il n'osa pas faire de remontrances ouvertement, de peur d'offenser M. Pitt et d'autres pensionnaires précieux.

Malheureusement pour l'harmonie du festival, un groupe d'étudiants ivres de Cambridge est arrivé et j'ai immédiatement compris qu'une dispute était inévitable. Après s'être servis à boire sans ménagement, les étudiants regardèrent avec dédain notre étrange compagnie, et l'un d'eux remarqua avec un ricanement :

"Quels sont ces imbéciles, habillés de cette façon absurde ? Oh, ce doivent être des singes , propriété de quelque joueur d'orgue entreprenant. Qu'ils dansent devant moi, car mon âme est lourde, et je serais gay !"

Ici, le petit Billy Eaton, l'écrivain, qui faisait partie de notre groupe, s'est enflammé et a obligeamment proposé de combattre et de fouetter l'homme à l'âme lourde, pour et en échange de la bagatelle d'un centime. Cette belle offre fut acceptée ; mais, avant que ces messieurs pussent se déshabiller pour le combat, une collision générale eut lieu entre tous les partis hostiles. Des chaises ont été brandies, des cannes ont été brandies et des carafes ont été lancées, provoquant une grande destruction de miroirs et autres biens fragiles. Le bar était renversé et le vacarme de la bataille était affreux à entendre. Malgré le tumulte et la confusion qui régnaient, je ne pus m'empêcher de remarquer le pauvre Uriah, qui, dans la salle faiblement éclairée, dansait tranquillement une polka insensée, accompagnant ses mouvements de sourds hurlements de désespoir. Le petit homme avait temporairement perdu son peu d'esprit, c'était évident. Le combat fit rage avec une fureur intacte. Notre clown a attaqué un étudiant avec sa grosse caisse dont une extrémité a éclaté, emprisonnant le représentant du siège du savoir, qui n'a pas pu se sortir de sa situation musicale. Sam Palmer, avec sa corne de poisson, a réalisé une exécution formidable ; tandis que Jack Adams était également efficace avec sa cloche à dîner qui, à chaque coup, faisait retentir une note d'avertissement. L'héroïque P. Jones fit des prodiges de valeur et se couvrit de gloire. Ce merveilleux jeune homme, s'étant planté derrière un rempart de chaises, se plaça dans la position d'une grenouille pugiliste, et défia hardiment ses ennemis de « venir se faire frapper ». Au commencement du combat, Abbott s'enroula sous la table et ne fut plus revu ; tandis que Handiboe s'enfuyait pour se mettre en sécurité vers le trou de cole . La bataille était à son paroxysme, et l'oiseau de la victoire semblait sur le point de se percher sur la bannière des « oncles et neveux », lorsqu'un individu téméraire et endurci coupa le gaz, produisant ainsi l'obscurité totale. Cela rendait la situation dix fois pire que jamais, car il était impossible de distinguer les amis des ennemis. Soudain, un détachement de sentinelles, dirigé par le célèbre maréchal Tukey, et portant des torches, entra. De nombreux combattants furent arrêtés et rares furent ceux qui parvinrent à s'enfuir. J'ai eu l'honneur de figurer parmi les malchanceux ; et, avec mes compagnons, j'ai passé la nuit dans une vile Durance. Le matin, alors que le jour pénétrait faiblement dans notre sombre cachot, quel étrange spectacle se présentait ! Étendus sur le sol dans toutes les attitudes pittoresques imaginables, se trouvaient une vingtaine d'hommes, la majorité d'entre eux vêtus de robes de théâtre souillées et déchirées. Ces malheureux individus offraient un spectacle des plus mélancoliques, car beaucoup d'entre eux avaient les yeux noirs, le nez meurtri et le visage meurtri.

"D... d'assez imbéciles que nous avons fait de nous-mêmes", a déclaré Macbeth, dont l'une des optiques avait été fortement décolorée.

"Oui", gémit Othello, dont les yeux noirs n'étaient que partiellement cachés par la couleur jaune qu'il avait enduite sur son visage, "et nous voici dans la cruche, où nous serons obligés de rester toute la journée et de perdre tout le plaisir. du 4 juillet. »

" Ce n'est pas le pire ", soupira Hamlet, dont le frontispice royal avait été gravement endommagé. " Je suis sur l'affiche pour jouer deux fois cet après-midi et une fois ce soir, et mon absence me fera déclarer forfait , si pas libéré. Bon sang, ces étudiants ! Qu'est-ce qu'ils sont devenus clairs, je suppose ?

« Non, dis-je, ils sont dans un appartement séparé. Bien sûr, les officiers ne les mettraient pas avec nous, car cela encouragerait la reprise du combat.

«J'ai horriblement mal à la tête», remarqua Richard, duc de Gloster . «Je donnerais à boire à mon royaume!»

"Et moi", observa Shylock, "j'aimerais une livre de chair, à condition que ce soit du bifteck, car je suis presque affamé."

"Hah ! quel porc !" grogna le cardinal de Richelieu, dont un côté du visage était « enfoncé » de la façon la plus affreuse, « pour penser à *manger* à une heure pareille !

« Écoutez », dit Claude Melnott , dont le beau visage avait été complètement déformé et qui avait l'air de revenir tout juste de la guerre, plutôt mal en point ; " Écoutez ! N'entendez-vous pas le bruit de l'artillerie et de la musique ? Les cérémonies et les festivités du jour glorieux ont commencé. Plût au ciel que je sois avec Pauline, dans notre palais sur le lac de Côme ! "

« Sèche-toi, imbécile ! » s'écria avec colère le vieux et vénérable roi Lear, dont l'organe nasal montrait des signes d'une violente contusion. Je n'ai pas fermé un œil de toute la nuit, et maintenant vous m'empêchez de dormir avec votre bavardage infernal. Tais-toi, je dire!"

"Oh, tais-toi, sois foutu !" » dit P. Jones, « comment un homme peut-il se taire quand il pense au bon *budd* (rhum) qu'il perd en étant enfermé ici ? Rube Meer, n'est-ce pas dommage ?

« Pire que la fois où j'étais parti en excursion de pêche avec Jim Morse », gémissait le pauvre Rube, tandis qu'il fouillait dans sa poche à la recherche d'une allumette pour allumer sa pipe, « est-ce que quelqu'un a une corde avec laquelle un individu pourrait réussir à allumer sa pipe ? se pendre ? »

"Je dis, Jack Adams," dit Sam Palmer, qui était habillé en Don César de Bezas , "que diront Harry Smith et le vieux Kimball, si nous ne parvenons pas aujourd'hui, le jour le plus chargé de toute l'année. ?"

"Je m'en fiche", répondit Jack en pressant affectueusement le portrait de sa Katy contre ses lèvres, "tant que cette consolation bénie me reste, le monde peut faire le pire ! Froncez les sourcils, vous, démons du malheur ! Je défie vous tous, tant que ma Katy Darling reste vraie ! »

"C'est celui-là!" » a crié l'audacieux Dick Brown, en tant qu'« huissier » au Théâtre National, « prenons la chanson de Katy Darling et joignons-nous tous au chœur.

Cela a été fait ; et du fond de ce sombre cachot roulaient les paroles, d' une voix de tonnerre :

"Est-ce qu'ils t'ont dit que j'avais tort, Katy Darling ?"

Soudain, à notre grande joie, la lourde porte de fer du donjon fut déverrouillée et ouverte, et un officier annonça qu'il avait ordre de nous libérer tous, à condition que nous nous engageions à satisfaire le propriétaire de la maison Pemberton pour les dégâts qu'il avait causés. avait soutenu. Nous avons bien sûr accepté de le faire, étant entendu que les étudiants seraient obligés de payer la moitié du montant, ce qui n'était certainement pas plus que juste, car ils avaient commis la moitié des dégâts et avaient commencé la querelle dès le premier. lieu. Le propriétaire ayant reçu une garantie suffisante pour que ses dommages soient réparés, nous fûmes tous remis en liberté, pour notre plus grand plaisir, car nous avions prévu d'être emprisonnés pendant toute cette glorieuse journée.

Nous quittions la maison de servitude, et, tandis que nous traversions les rues déjà bondées, nos costumes fantastiques et notre apparence étrange en général, rassemblèrent une foule à nos trousses, ce qui, en plein jour, était certainement assez ennuyeux. Cependant nous arrivâmes bientôt au théâtre et reprîmes nos propres habits.

Il était annoncé sur l'affiche du théâtre qu'un certain acteur prononcerait ce soir-là un poème original du 4 juillet. Ce poème, je m'étais engagé à l'écrire, mais je n'en avais pas écrit une seule ligne. L'acteur était dans un terrible dilemme et jura que son échec à réciter le poème, comme annoncé, le rendrait impopulaire auprès du public et le ruinerait à jamais . Lui disant de rester calme et de rappeler dans deux heures, je m'assis à mon bureau et écrivis un poème d'une longueur considérable. Ma plume volait avec la rapidité de l'éclair, les mots et les idées se pressaient en nombre écrasant, et en trois quarts d'heure mon travail était fait ! J'ai fait venir l'acteur qui a été étonné du peu de temps pendant lequel j'avais accompli cette tâche. M'ayant entendu lire le poème, il s'en déclara ravi ; et, en toute humilité et modestie, je dois dire que la production possédait un mérite considérable. J'avais évité les allusions stéréotypées habituelles à la « bannière étoilée », à « l' aigle américain », au « sang de nos ancêtres », etc. ; — et je m'étais principalement attardé sur le sublime spectacle moral offert par un peuple opprimé. surgissant dans leur puissance pour se débarrasser du joug de la servitude et affirmer leur indépendance en tant que nation. L'acteur a bientôt mémorisé le poème; et, après l'avoir répété devant moi et se trouvant parfait, il s'en alla. Ce soir-là, il l'a récité sur scène devant un public nombreux ; et, pendant son exécution et à sa conclusion, j'ai eu la satisfaction d'écouter la musique la plus délicieuse que les oreilles d'un auteur puissent jamais connaître, des applaudissements assourdissants et des applaudissements assourdissants.

CONCLUSION

Mon arc d'adieu.

Plusieurs années se sont écoulées depuis la date des derniers événements relatés. Ces années ont été remplies d'aventures aussi extraordinaires que celles déjà racontées ; mais hélas! ni le temps ni l'espace ne me permettront à l'heure actuelle de les donner au public. Peut-être que dans l'avenir je pourrai combler cette lacune, si ma vie est épargnée.

Le lecteur peut être assuré d'une chose : *pas un seul mot de fiction ou d'exagération n'a été introduit dans ces pages* . Pourquoi devrais-je errer dans les royaumes de la romance, alors que je dispose de faits plus surprenants que je ne peux en exploiter ? La vérité n'est-elle pas plus étrange que la fiction ? L'expérience quotidienne le prouve.

Je ne peux fermer ces pages sans profiter de l'occasion pour rendre de cette manière publique mes remerciements à plusieurs messieurs dont j'ai reçu des courtoisies et des actes de bonté. Il y a avant tout Jerry Etheridge, un homme d'une grande influence politique et d'une grande culture historique. Je dois à ce distingué monsieur un acte de générosité qui m'a sauvé d'un grave embarras. Je ne suis pas le seul bénéficiaire de sa générosité, car j'en connais beaucoup d'autres qui ont fait appel à lui en cas de besoin et qui l'ont quitté, encouragés par ses paroles encourageantes et soulagés par sa libéralité. Il fait partie de ces vrais philanthropes qui ne publient jamais leurs bonnes actions aux autres. Je considère que lorsqu'un homme se lie d'amitié avec un autre et en parle ensuite, toute obligation cesse d'exister entre les parties, et aucune gratitude n'est due à celui qui confère le bénéfice qu'il accorde, peut-être juste exprès pour acquérir une réputation d'intégrité. bienveillance de l'âme, et non par bonne volonté particulière envers l'autre. J'ai également une obligation envers MWR GOODALL, le jeune acteur américain prometteur, qui occupera un jour, je le prédis, une position des plus élevées dans la profession qu'il a adoptée et pour laquelle il est particulièrement qualifié. Qui a jamais entendu ses célèbres imitations, comme Jeremiah Clip, hésitera à admettre qu'il est un jeune homme au talent le plus extraordinaire ? NED SANDFORD et JIM LANERGAN, qui jouent tous deux au Broadway Theatre au moment où j'écris ces lignes, je vous remercie les plus sincères pour les faveurs reçues ; et j'espère qu'ils me pardonneront de leur avoir fait cette allusion publique. Enfin, à toute personne qui, pour des motifs désintéressés, m'a traité avec gentillesse et considération, je dirai : mes amis, votre bonté ne sera jamais oubliée tant que la vie reste.

J'ai de nombreux ennemis acharnés, et ils continueront, je présume, à gronder sur mes talons comme des chiens bâtards. Leurs misérables tentatives pour me blesser ne feront que se retourner contre elles-mêmes. Je suis au-dessus de la portée de leur malignité et je poursuivrai ma propre voie indépendante quel que soit leur mécontentement.

Près d'un an s'est maintenant écoulé depuis que j'ai quitté Boston, un endroit que je ne peux que considérer avec un certain degré de souvenir affectueux ; car, malgré tous ses défauts, je l'aime encore.

Il est possible que je continue désormais à écrire des contes pour le plaisir du public. Si je décide de poursuivre mon activité d'écrivain, je m'efforcerai toujours, comme jusqu'à présent, de produire ce qui est intéressant, passionnant et fondé sur la vérité, et totalement irréprochable d'un point de vue moral. Contrairement à beaucoup de soi-disant écrivains qui jettent une quantité de déchets sans se soucier de la façon dont ils remplissent l'espace, je suis toujours prêt à consacrer du temps et du travail à mon travail, pour le bien de mon propre crédit, dans le but d'assurer une diffusion rapide. et une vente massive du livre - et afin de donner au public une parfaite satisfaction.

Lecteur, bon courage à toi ! Nous ne nous reverrons peut-être jamais ; mais je te remercie de m'avoir accompagné depuis le début jusqu'à

LA FIN